셰프 마스터플랜

셰프 마스터플랜

초판 1쇄 발행 2020년 6월 5일

지은이	theD마스터플랜연구소(이은주)
발행인	조상현
마케팅	조정빈
편집인	김유진
디자인	김희진

펴낸곳	더디퍼런스
등록번호	제2018-000177호
주소	경기도 고양시 덕양구 큰골길 33-170
문의	02-712-7927
팩스	02-6974-1237
이메일	thedibooks@naver.com
홈페이지	www.thedifference.co.kr

ISBN   979-11-61252-50-6 03370

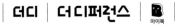

셰프
마스터플랜

theD마스터플랜연구소 지음

더디퍼런스

나는 어떤 셰프가 될 수 있을까?

부모님이 정성스럽게 만들어주는 집밥, 맛집에서 먹는 대표 식단, 막 주문해서 먹는 따끈따끈한 패스트푸드, 코와 입을 자극하는 길거리 음식 등 세상에는 정말이지 맛있는 음식이 많기도 하다. 이 글을 읽는 여러분은 요리에 대한 관심이 깊으리라 생각한다. 요리를 좋아하거나, 셰프라는 직업에 흥미가 있거나, 앞으로 셰프가 되고 싶은 사람도 있을 것이다. 반면에 별다른 생각 없이 이 책을 접한 이들도 있을 거다. 어떤 마음으로 이 글을 읽든 먼저 여러분의 장래에 도움을 주는 책이 되기를 바란다.

여러분은 셰프의 어떤 모습에 흥미를 갖게 되었을까? 현란한 손기술로 빠르고 정확하게 요리를 만드는 모습? 혹은 예능 프로그램에 나와 솜씨를 발휘하는 모습? 아마 많은 청소년들이 여러 방송이나 매체 등에서 인기를 한 몸에 받고 있는 셰프들의 모습에 반해 관심을 가졌을 것 같다. 엄청난 요리 실력, 뛰어난 말재주, 다재다능한 모습을 보고 호감을 느끼지 않는 사람은 없을 것이다.

스타 셰프는 요리 실력도 좋은데다 수입도 좋다. 각종 광고에 등장해 대중의 이목을 사고, 음식과 관련 없는 방송에도 출연하며 더 유명해진다. 이런 영향력으로 인해 많은 이들이 셰프라는 직업을 선망하게 되었다. 그러나 여러분이 반드시 알고 넘어가야 할 것이 있다. 셰프는 방송에서 보는 것처럼 화려한 직업이 아니라는 점이다. 셰프는 손님에게 헌신하는 직업이다. 쉽게 말해 여왕개미보다는 일개미에 가까운 직업이다. 생각해보라! 손님에게 요리를 대접하기 위해 주방에서 동분서주하며 땀을 흘리고 있는 이들의 모습을….

셰프는 그저 한 끼 식사를 만들려고 주방에 있는 게 아니다. 하루 종일 그곳에서 일해야 한다. 새벽부터 늦은 밤까지, 식자재 손질, 무거운 식자재와 도구 옮기기, 불과 물, 칼의 위협, 더위와 추위, 피로와 고통, 선배로부터 쏟아지는 질책에도 굳건히 버텨야 한다. 여러분에게 겁을 주려고 하는 말이 아니다. 셰프가 무슨 일을 하는 사람인가를 제대로 알고, 현실이 반영된 직업의 이면도 알아야 한다. 다른 직업에 관심을 가질 때에도 핑크빛 환상이나 스타 직업인을 추종하기보다는 다각도에서 살펴보고 심층적으로 다가가야 한다.

셰프가 되기를 꿈꾸고 있는 여러분에게 이렇게 묻고 싶다.

"여러분은 음식을 가리지 않고 잘 먹고 있나요?"

셰프라는 직업을 꿈꾸는 사람이라면 적어도 이 질문의 답으로 "이것도 못 먹고, 저것도 못 먹어요."라는 말을 하지 않았으면 한다. 그 이유는 다양한 음식을 경험해야 훌륭한 요리를 만들 수 있기 때문이다. 셰프가 심하게 편식을 하는 사람이라면 어떨까? 음식의 재료에서 한계가 느껴지고 맛의 풍미도 떨어지지 않을까? 맛의 경험이 부족한 셰프가 만든 요리는 그만큼 맛에 제한이 많을 것이다. 그에 비해 풍부한 미각을 지닌 손님은 그 셰프의 요리를 맛보고 실망을 할지도 모른다.

셰프가 되고 싶다면 식습관을 고쳐보자. 모든 음식에 마음을 열고 경험을 해보는 것이다. 유명한 셰프들도 자신의 감각기관을 발달시키려고 갖은 노력을 다하고 있다. 예민한 후각, 절대미각, 예술가에 견줄 만한 시각과 지적 수준까지 겸비하려고 무척이나 노력을 한다.

앞으로 여러분에게는 여러 장애물들이 등장할 것이다. 게으름, 귀찮음, 요리 연습을 방해하는 핑계거리, 자만심, 절망 등 온갖 어려움이 찾아올 것이다. 그럴 때 당황하거나 불평하지 말고, 묵묵히 끈기 있게 걸어 나가야 한다. 힘들 때는 꿈을 반복해서 되뇌고, 내가 원하는 것을 스스로에게 물어보자.

'나는 어떤 셰프가 되기를 원하고 있을까?'

여러분은 방송계를 누비는 스타 셰프, 호텔에서 일하는 총괄 셰프, 작은 식당의 주인, 떠오르는 1인 방송 요리사, 잘나가는 푸드스타일리스트, 신의 손으로 불리는 파티시에, 대를 이어 맛집을 운영하는 젊은 사장님 등 그 누구라도 될 수 있다. 셰프라는 타이틀이 멀고 까마득해 보이겠지만, 여러분 자신을 믿고 힘을 내보자! 이 책과 함께 미래의 셰프로 가는 길을 활짝 열어보자!

theD마스터플랜연구소

차례

1장
셰프는
어떤 직업이지?

셰프는
누구인가?

셰프는 요리사다.

셰프는 예술가다.

셰프는 연예인이다.

이 세 가지 정의는 셰프라는 직업의 특징을 짤막하게 정리한 것이다. 이 정의를 보고 뭔가 부족하다고 느끼거나 동의하지 못하는 사람도 있을 거라고 생각한다. 만약 그렇다면 마음에 여유를 갖고, 『셰프 마스터플랜』을 읽어주기를 바란다. 지금부터 찬찬히 셰프에 관한 모든 것을 풀어놓을 작정이기 때문이다.

셰프(chef)의 사전적인 뜻은 요리사(조리사)다. 더 정확히 말하면 식당·호텔 등의 주방장을 뜻하며, 요리하는 사람들의 '우두머리'를 가리키는 단어다. 셰프(chef)의 어원은 수석 요리사를 뜻하는 프랑스어 'chef de cuisine'에서 나왔다. 주방의 우두머리, 대장, 리더를 가리킨다.

셰프의 자질

장차 셰프가 되길 원한다면, 먼저 스스로에게 질문을 던져봐야 한다. 자신이 무엇을 좋아하는지 모르면서 덥석 요리사가 되겠다고 나서는 건 무모하기 짝이 없는 일이다. 우선 기본적인 세 가지 질문에 답을 해보자.

첫째 "당신은 음식 맛보는 걸 좋아하나요?"

둘째 "당신은 남들에게 요리해주는 걸 기쁘게 여기나요?"

셋째 "당신은 왜 요리사가 되고 싶나요?"

첫째 "당신은 음식 맛보는 걸 좋아하나요?"

이 질문은 요리사에게 아주 중요하다. 만약 당신이 특정 재료에 거부감을 느끼고, 편식하거나 입이 짧다면 요리사로서 치명적인 단점이다. 미각이 풍부하지 못한 사람이 요리사가 되어 레스토랑을 차린다면, 그곳에 찾아올 손님에게 크게 실례가 되는 일이 아닐까? 반대로 음식을 맛보는게 즐겁다면, 요리사로서 기본적인 자질은 갖춘 셈이다.

둘째 "당신은 남들에게 요리해주는 걸 기쁘게 여기나요?"

요리사는 자신을 희생해서 남을 기쁘게 하는 사람이다. 우리를 위해 밥을 해주는 사람을 떠올려 보자. 가령 어머니는 가족의 끼니를 위해 주방에서 많은 시간을 보내며 이를 감내하는 사람이다. 혹시 여러분은 다른 사람을 위해 요리를 해본 적이 있는지 궁금하다. 누군가를 위해 음식을 준비한다는 것은 사랑을 표현하는 고귀한 일이다. 음식은 사람의 몸과 마음을 건강하게 해주고, 위로와 치유의 힘을 지니고 있기 때문이다.

셋째 "당신은 왜 요리사가 되고 싶나요?"

막연히 요리사가 되고픈 사람은 스스로에게 물어보아야 한다. 평범한 이유도 상관없다. '요리가 좋아서', '음식이 좋아서', '셰프가 요리하는 모습이 멋있어서'라는 답도 괜찮다. 어떤 사람들은 '레스토랑에서 맛본 음식을 잊을 수가 없어서', '어머니의 요리가 최악이라서'라는 재미난 대답을 하기도 한다. 아직 자기만의 답을 찾지 못한 사람이 있다면, 슬그머니 마음속 생각을 중얼거려도 좋을 것 같다.

"나는 왜 요리사가 되고 싶을까?"

셰프, 그 인기의 시작은?

언제부턴가 우리 사회에서 주방장이나 조리장이라는 말 대신 '셰프'라는 단어를 더 자주 쓰고 있다. 그렇다고 주방장이나 조리장이라는 말을 쓰지 않는 것은 아니다. 셰프는 왜 이렇게 인기 있는 직종이 되었을까?

과거만 해도 요리사는 지금처럼 대중적으로 인기 있는 직업이 아니었다. 셰프라는 직업이 인기를 끈 요인 중에 하나가 요리 서바이벌 프로그램이다. 요리 서바이벌 프로그램의 형식은 방송 회차마다 주어진 미션이 다르지만, 보통 제한된 시간 안에 주어진 재료로 요리를 하는 것이다. 여기에 유명한 셰프들의 입담이 가세해 많은 시청자들을 열광시켰다.

과연 누가 더 훌륭한 요리를 만들 것인가? 프로그램에 참여한 요리사나 시청자에게 극한의 긴장감을 주는 것이 요리 서바이벌 프로그램의 묘미이다. 사람들은 자연스럽게 프로그램에 출연한 셰프와 그들이 운영하는 레스토랑, 그들이 직접 만든 음식에 더 많은 관심을 갖게 되었다. 방송에 출연한 셰프의 레스토랑은 인기가 점점 높아져 사람들이 줄을 서고 예약도 넘쳐난다.

넘치는 인기 덕에 셰프들은 요리와 예능이 결합된 방송 프로그램에 출연하기 시작했다. 연예인 못지않은 끼와 재

능 있는 셰프들은 대중적인 스타로 거듭났다. 이런 영향력
으로 많은 청소년들이 셰프라는 직업에 관심을 더 갖기 시
작했다.

자신의 채널을 운영하는 셰프들

요리와 음식이 대중화된 것은 셰프와 방송 매체의 영향
이 크다. 요리 블로그와 먹방 채널을 운영하는 이들의 노력
도 무시하지 못한다. 요리 블로거와 먹방 스타들의 참여로
음식 문화에 대한 관심이 커졌기 때문이다.

요리를 사랑하는 사람은 누구나 자신을 요리사라고 생각
할 수 있다. 번듯한 식당이나 레스토랑에 근무하지 않아도
된다. 라면 하나를 끓여도 아무도 흉내 내지 못하는 맛을 낼
줄 안다면, 요리사의 중요한 자질을 지녔다고 볼 수 있다.

우리는 정보화 시대에 살아가고 있다. 인터넷의 발전으
로 기존의 직장 개념도 바뀌었다. 일터에 출근하지 않고도
인기 있을 만한 콘텐츠나 소재를 찾아 동영상을 감각적으
로 제작할 줄 안다면 먹고살 길이 열린다. 한마디로 유튜브
등 동영상 채널에 자신의 콘텐츠를 올려 시청자들과 소통
하면서 돈을 벌 수 있다는 말이다.

요리사도 독립적으로 자신의 채널을 운영하는 시대이다.
거기에는 제과제빵, 한식, 중식, 양식 등 세계 여러 나라의

음식이 등장한다. 요리에 관심 있는 사람들은 요리 블로그를 운영하는 채널에 들어가 관심 가는 동영상을 시청하고 구독 버튼을 누른다. 먹고 싶고, 따라 하고 싶고, 매력 넘치는 동영상이면 조회 수가 폭발한다. 그 조회 수를 일정하게 끌고 가면 수입으로 연결되기도 한다.

셰프가
하는 일

요리사는 음식 재료를 손질하고, 그것을 조리 방법에 따라 찌고, 삶고, 튀기고, 볶고, 재료에 밑간이 배도록 양념을 하거나 장식을 한다. 음식이 완성되면 접시에 담아 손님 앞에 정성스럽게 내놓는다. 손님이 음식을 만족스럽게 먹고 미소를 띠며 나갈 때, 요리사는 자신의 목적을 제대로 이룬 셈이다.

우리는 알게 모르게 요리사가 만든 음식을 먹으며 무수히 많은 시간을 보내왔다. 동네 분식점부터 배달음식, 외식을 하기 위해 검색한 수많은 식당까지 말이다. 손님은 맛있는 음식을 기대하며 식당에 간다. 맛은 물론이요, 배까지 두둑하게 채워줄 것을 기대한다. 그런데 한입을 먹은 순간 형편없는 맛에 눈살이 찌푸려진다면 어떨까? 혹은 위생 상태가 불량해서 벌레나 머리카락이 나온다면? 먹는 기쁨은 날아가고, 그날 하루를 망쳐버리는 거북한 상황을 경험하게 된다.

도대체 음식이 무엇이기에 우리의 일상을 이토록 좌지우지할 만큼 결정적인 영향을 미치는 것일까?

맛집과 충성 고객 만들기

요즘은 '맛집'이라는 말이면 무사통과다. 과거에는 방송이나 언론 매체의 평가나 홍보로 맛집이 정해지기도 했지만, 지금은 보통 사람들의 평가와 입소문의 영향력이 더 크다. '맛집'이라는 표현에서 보듯이 요리사는 손님의 미각을 즐겁게 하는 직업이다. 요리사는 정성 들여 만든 최고의 음식을 손님에게 대접하는 것을 사명으로 여긴다. 고용된 요리사든, 작은 레스토랑을 운영하는 셰프든 다 똑같은 마음일 것이다.

손님은 음식점의 매출을 올려주는 소중한 존재다. 요리사가 혼신을 다한 요리로 손님을 사로잡는다면, 그 손님은 그 음식의 열렬한 지지자가 된다. 시키지 않아도 셰프, 식당, 음식을 SNS와 입소문을 통해 홍보한다. 이런 손님을 '충성 고객'이라 한다. 이렇게 충성 고객은 음식점의 흥망성쇠를 좌지우지하는 존재가 되었다.

'맛집' 타이틀이나 '충성 고객'을 얻으려면 요리사의 솜씨가 특출해야 한다. 발에 치이도록 많은 음식점 중에서 사람들의 눈에 띄려면 요리사의 특별한 능력이 더해져야 한다. 그런 능력을 더 키우기 위해 셰프들은 어떤 노력을 하고 있을까?

전략적인 메뉴 개발

자신만의 음식점을 차리는 것은 요리사의 꿈이다. 그러나 그 꿈을 실현하는 이들은 일부이다. 호기롭게 음식점을 내도 영업이익을 내지 못해서 문을 닫는 경우가 다반사다. 여러분 주변만 보더라도 새로 생겼다가 사라지는 식당과 카페가 매우 흔하다. 물론 과도한 월세로 인해 문을 닫는 경우도 허다하다.

셰프가 음식점을 차릴 때는 대표 메뉴가 있어야 한다. 특별하면서 사람들이 좋아할 만한 메뉴로 골라야 한다. 예를 들어 한식은 자신 있지만 평범한 음식이 싫다면 색다른 선택을 해야 한다. 채식주의자나 자연주의 음식을 선호하는 사람들이 좋아할 만한 음식을 생각해보는 것이다. 사찰음식 전문점이나 고기가 들지 않은 샌드위치처럼 말이다.

양식도 손님들의 호기심을 끌 만한 자기만의 전략이 있어야 한다. 개그맨 이원승 씨는 방송 프로그램 촬영차 이탈리아에 갔다가 화덕피자 만드는 법을 배웠다. 한국으로 돌아온 그는 이탈리아에서 맛본 피자의 맛을 잊을 수 없었다. 또 그곳에서 일하며 친분을 쌓은 이탈리아 요리사와의 만남도 색다르게 느껴졌다.

결국 그는 혜화동에 한국 최초의 나폴리 피자집을 열었다. 제대로 된 화덕을 만들고, 이탈리아 요리사들을 불러 주방에서 일하게 했다. 정말 힘든 과정이 있었지만, 결과적으로 큰 성공을 거뒀다. 당시 한국에서 처음 맛보는 제대로 된 화덕 피자의 맛에 사람들이 열광하며 몰려들었다고 한다.

철저한 시장 조사

크든 작든 음식점을 차리는 일은 사업을 하는 것과 같다. 사업자의 입장에서 소비자의 선택을 기다리는 일은 초조하고 힘든 일이다. 날고뛰는 요리 실력과 맛을 보증한다고 해도 음식점을 운영하는 일은 또 다른 세계다. 지인들과 주변 사람들의 칭찬에 높이 솟은 어깨를 내려놓고 겸손히 세상을 바라봐야 한다.

음식점을 차릴 때 우선해야 할 일은 앞에서 말한 메뉴 개발 외에 한 가지가 더 있다. 바로 시장 조사다.

"귀찮게 무슨 시장 조사?"

"음식 맛만 좋으면 다 알아서 찾아와요. 내 요리를 먹어

보면 누구나 엄지를 치켜든다고요."

이렇게 자신만만하게 말하는 사람도 있겠지만, 성공하는 셰프는 그보다는 작은 것을 하나라도 놓치지 않으려고 더 노력한다. 철저하게 준비해서, 더욱 전략적으로 사업에 뛰어든다.

자기만의 식당을 갖고자 할 때 무턱대고 자신이 좋아하거나 익숙한 메뉴를 선정하는 것은 피해야 한다. 음식점의 위치, 음식점을 찾는 손님의 나이, 성별, 직업, 좋아할 만한 음식 등을 두루 알아본 후 메뉴를 개발해야 한다. 예를 들어 중·장년 남성 근로자가 많은 공단 지역에 여대생이 좋아할 만한 디저트 카페를 차리면 어떻게 될까?

셰프는 늘 전략적으로 움직여야 한다. 그래야 전쟁 같은 경쟁에서 살아남을 수 있다. 주변에는 음식점 간판이 즐비하다. 왜 음식점을 하느냐는 질문에 "할 줄 아는 게 이것밖에 없어서."라거나 "먹고살려고."라는 뻔한 대답을 하면 곤란하다. 손님의 선택을 받으려면 음식이 특별하고 맛있어야 한다. 그러므로 요리사는 주방에 들어가기 전에 치밀하고 철저하게 준비해야 한다.

오감 키우기

요리사는 오감(五感)이 남달라야 한다. 예민한 오감을 지닐수록 뛰어난 요리사로 발돋움할 수 있다. '오감'은 인간의 다섯 가지 감각을 뜻한다. 시각, 청각, 후각, 미각, 촉각인데, 온몸으로 요리하는 요리사에게 중요한 감각이다.

요리사가 됐다면 하늘이 내려준 오감의 기능을 더 끌어올려야 한다. 방법은 간단하다. 음식을 많이 보고, 먹고, 기록하고, 평가하면 된다. 요리사는 마치 숨을 쉬듯이 요리를 맛보는 일을 즐겨야 한다. 자신이 만든 음식은 물론이요, 다른 요리사들이 만드는 음식을 찾아다니며 먹을 정도의 열정이 필요하다. 보물을 찾으려는 탐험가처럼, 진리를 찾아다니는 순례자처럼 말이다.

요리사는 어딜 가든지 레시피 노트를 들고 다닌다. 나이 많은 할머니가 운영하는 오래된 골목 식당에 들를 때도, 미슐랭(세계 3대 타이어 기업이다. 타이어 외에 최고의 레스토랑을 찾아 소개하는 〈미슐랭 가이드〉로 유명하다.) 별 3개를 받은 고급 레스토랑에 갈 때도 잊으면 안 된다. 요리사는 자기 앞에 놓인 음식을 맛보며 레시피 노트에 기록한다. 요리 이름, 재료, 조리 방법, 요리에 들어간 양념, 가니쉬(음식을 돋보이게 하기 위해 곁들이는 것), 플레이팅, 맛과 향, 느낌까지 세세하게 적는다. 세월이 오래 지난 뒤에 읽어보아도 단번에 생각나도록 빠짐없이 써 내려간다.

여러분이 생각하는 주방은 어떤 곳인지 궁금하다.

① 클래식 음악이 흐르는 갤러리처럼 낭만적인 곳일까?

② 예술가의 손길을 기다리는 세련된 작업실 같은 곳일까?

③ 여러 요리사들이 한대 부대끼며 일하는 덥고 좁은 곳일까?

셰프에 대한 영상과 정보를 찾아본 사람이라면 적어도 ①, ②번 같은 장소는 아니라는 것을 잘 알 것이다. 셰프를 꿈꾸는 여러분에게 멋진 환상을 심어주고 싶지만, 안타깝게도 현실은 다르다. 조금만 찾아봐도 나오는 고생담을 구태여 숨길 이유는 없을 것 같다.

주문서가 밀려드는 주방은 마치 정글과 같다. 음식을 조리하는 뜨거운 불이 주방 온도를 사정없이 높이고, 재료를 손질하는 예리한 칼이 사정없이 날카로운 빛을 발한다. 여차하면 손이 베이고, 뜨거운 프라이팬에 화상을 입는다. 무겁고 큰 주방 도구들은 언제라도 부상 위험을 높인다. 작은 실수도 하지 않으려면 바짝 긴장을 해야 한다. 폭풍처럼 휘몰아치는 업무로 스트레스 또한 만만치 않다. 그래도 요리사들은 총셰프의 지도하에 각자의 자리에서 최선을 다하려고 노력한다.

요리사의 하루를 상상해보자. 요리사는 출근하자마자 주방을 청소하고, 주방 위생과 청결을 꼼꼼하게 점검한다. 일할 준비가 다 되었으면 본격적으로 주방의 상황을 파악한다. 부족한 재료를 주문하고, 보관된 식자재 상태를 확인하고, 새로 들어온 식자재가 신선한지 살펴보는 것이다. 식자재가 상했거나 상태가 불량하면 과감히 버리고 재료를 새로 주문한다.

요리사가 파트별로 구분되어 있다면 각자 할 일이 나뉘어져 있다. 그러나 소수의 인원이 일하는 주방이라면 할 일이 훨씬 많다. 주방 오븐을 예열하고, 프라이팬을 달궈야 한다. 또 생선·채소·고기 등을 손질하고, 육수를 끓이고, 양념과 소스를 준비해 음식점 영업에 대비한다. 영업시간이 되어 손님이 밀려들면 요리사는 자르고, 썰고, 찌고, 삶고, 튀기고, 볶는 과정을 반복한다. 만들어 놓은 양념과 소스를 사용해 음식을 먹기 좋게 그릇에 담고, 장식을 끝낸다. 이제 정성스럽게 만든 음식이 손님에게 전달될 차례이다.

언뜻 보면 요리사는 요리의 맛과 모양에만 중점을 두는 직업처럼 보인다. 그러나 셰프는 여러모로 신경 쓸 일이 많은 직업이다. 하는 일이 절대 단순하지 않다. 총책임자로서 파트별 팀원 전체 이끌기, 주방의 질서 확립, 식당 운영, 식당의 평판, 요리 판매 및 이익까지 빠짐없이 생각해야 한다. 그게 셰프의 자리이자 무게이다.

셰프라는 직업의
성격

레스토랑의 총책임자

총책임자의 역할을 맡고 있는 셰프는 모든 요리사가 꿈꾸는 직책이다. 가장 높은 자리에 있으며, 주방에서 일하는 모든 사람들은 모두 셰프의 말을 따라야 한다. 초보 요리사가 총책임자인 셰프의 자리에 오르려면 수십 년간 노력하며 길을 닦아야 한다. 보통 힘든 길이 아니다. 고된 노동과 선배들의 잦은 지적, 휴일도 쉬기 힘든 삶이 계속된다. 체력은 떨어지고 자신감마저 떨어진다.

엎친 데 덮친 격으로 마음마저 힘들어지면 중도에 셰프의 길을 포기하고 만다. 셰프의 꿈을 바라보고 취직한 사람의 반 이상이 2~3년 안에 조리사 일을 그만둔다고 한다. 그 이유는 자신이 꿈꾼 모습과 다른 삶이 펼쳐지기 때문이다. 자기 생각과 전혀 다른 현실에 질려 두 손 두 발을 다 들고 포기하는 것이다.

운과 노력이 따라줘서 총책임자의 자리에 오른다고 해도 꽃길이 펼쳐지진 않는다. 그 자리를 유지하려면 그만큼의 무거운 중압감이 어깨를 짓누른다. 막내 조리사 때 느껴보지 못한 전혀 다른 차원의 책임감과 스트레스를 맛볼 것이다. 그 책임감과 스트레스에는 레스토랑 매출 관리, 평판, 메뉴 개발, 주방에서 일하는 요리사들 관리, 손님의 불만족이나 문제 제기 등도 포함된다.

레스토랑의 총책임자는 배의 선장과도 같은 자리다. 레스토랑이 배라면, 총책임자 셰프는 레스토랑이 난파되지 않도록 주변 상황을 관리해야 한다. 그리고 예민한 감각을 유지해야 한다. 레스토랑의 청결, 위생, 서비스, 재료, 맛, 모양, 냄새, 손님들의 반응까지 어느 것 하나라도 놓쳐서는 안 된다.

예술가적 감수성

여러분은 접시 위에 그려진 한 편의 그림 같은 작품을 본 적이 있을 것이다. 색색의 물감처럼 접시 위에 흘려진 오일과 소스와 크림, 색감을 더하는 보라색 꽃과 허브잎, 일정한 규칙으로 놓인 작은 크기의 스테이크 세 조각. 만약 본

적이 없다면 인터넷에서 '플레이팅'이란 단어를 찾아보기를 바란다.

'플레이팅'이란 음식이 먹음직스럽게 보이도록 그릇이나 접시에 담는 일을 뜻하는데, 어떤 셰프가 하느냐에 따라 결과물이 천차만별이다. 평범한 음식이 되느냐, 아니면 갤러리에서 만날 법한 한 편의 예술작품이 되느냐의 차이다.

천재적인 감각을 지닌 셰프라면 손끝에서 예술 작품이 탄생한다. 여기 접시 대신 식탁에 플레이팅을 선보이는 특별한 셰프가 있다. 그의 이름은 그란트 애커츠(Garnt Achatz)이다. 그의 작업을 본 느낌은 한마디로 '놀람'이다! 사람들은 그가 하는 플레이팅을 볼 때 잠시 넋을 놓고 감상할 정도이다.

큰 식탁을 접시 삼아 초콜릿 타르트 장식을 휙휙 그리는 모습은 마치 신들린 화가 같다. 손에 숟가락을 들었을 뿐 붓을 든 화가와 전혀 다를 게 없을 정도로 기교가 뛰어나고 색감도 아름답다.

플레이팅이 잘된 음식을 보기 전에는 그 가치에 대해 잘 모를 수도 있지만, 그것을 한 번이라도 보면 셰프는 예술가의 영혼으로 요리하는 사람이 아닐까 하는 생각이 들지도 모른다.

셰프는 요리로 답한다

셰프는 요리사다. 요리사는 주방에서 존재감을 증명해야 한다. 존재감이란 손님에게 멋있고 맛있는 요리를 대접하는 것에서 확인된다. 요리에 온기가 빠져서도 안 되고, 맛과 모양도 최상으로 유지되어야 한다.

요리사의 사명은 어떤 어려움이 있더라도 먹음직스러운 음식을 내놓아야 한다는 데에 있다. 안타깝게도 주방은 어떤 일이 벌어질지 예측하기 어려운 공간이다. 잘 나오던 요리사가 말도 없이 출근하지 않기도 하고, 설거지하던 요리사가 개수대에 아무렇게나 놓인 칼에 베여 응급실에 실려 가기도 한다. 주방은 갑작스러운 사건과 사고가 끊이지 않으며, 작은 실수로 인해 벌어지는 사고와 그 긴장감이 만만치 않은 곳이다.

주방은 온갖 음식 재료를 조리하며 보관할 수 있도록 만든 곳이다. 물과 불, 기름, 가스와 오븐, 그릴, 칼과 송곳, 솥과 프라이팬, 그 밖의 여러 조리 도구가 즐비하다. 거기에다 손님이 주문한 주문서가 시시각각 쌓인다면? 마치 폭풍우가 몰아치는 것처럼, 아니 태풍 속에 들어간 듯한 분위기가 된다.

무엇 때문에 이런 긴장감이 생기는 것일까? 그건 제한된 시간 내에 손님에게 요리를 가져다주어야 하는 압박감 때문이다. 빠르게, 정확히, 실수 없이, 완벽하게 말이다. 요리사가 냉혹한 직업인 이유는 이러한 환경에 매순간 둘러싸여 있기 때문이다. 몸이 아프거나 피치 못할 사정이 생겨도 반드시 요리를 끝내야 한다. 응급실에 가더라도 말이다. 어떻게 보면 참 냉정하기 짝이 없는 일이지만, 감정을 절제하는 게 프로 요리사로서 지녀야 할 태도이다.

남들이 쉴 때 일하는 직업

쉬는 날에도 일을 하는 직업은 여러분 주변에 많이 있다. 남이 쉴 때 일하라니, 듣기만 해도 힘이 빠지는 기분이겠지만 요리사도 그런 대표적인 직업 중에 하나이다. 솜씨 좋은 셰프로 인정받고 인지도가 높아지면 그를 찾는 사람도 많아진다. 레스토랑은 문전성시를 이루며 예약전화도 불이 난다. 레스토랑이 방송이나 언론에 나오면 매출은 두 세배로 뛴다. 일 년 내내 붐비며, 손님들은 자신들이 원하는 날짜에 예약하지 못해 발을 동동 구른다.

분명 셰프는 행복한 미소를 지을 것이고, 초보 요리사들도 만족스럽게 일할 것이다. 몸은 힘들어도 유명한 셰프 밑에서 일을 배우고 있다는 생각에 스스로가 자랑스러울 것이다. 실력이 부족해서 야단을 맞고, 늘 지적받아도 내일은 더 나아질 거라는 믿음을 가질 것이다.

쉬지 않고 일을 하면 몸이 많이 상한다. 요리사의 손은 짓무르고, 어깨와 목은 뻐근하고, 허리는 아프고, 다리는 퉁퉁 붓고, 발바닥은 불이 난 것처럼 쿡쿡 쑤신다. 그래도 맨 위에서 일하는 셰프부터 막내 요리사까지 모두 견딘다. 다만 이들에게 견디기 힘든 것은 외로움이다. 외로움은 바쁜 시간으로 인해 생기는 인간관계의 단절에서 온다. 남들이 쉴 때 일을 하느라 사람들과의 교류가 쉽지 않기 때문에 생긴다.

요리사의 삶은 여러모로 쉽지 않다. 예를 들어, 회사에서 근무하는 친구와 퇴근길에 얼굴을 보는 건 그림의 떡이다. 늘 바쁜 탓에 연인은 섭섭함을 토로하고 이별의 낌새를 보인다. 온 가족이 함께 모였던 명절날이 언제였는지도 가물가물하다. 부모님과 형제·자매의 생일, 기념일, 결혼식에 참석하지 못하는 게 당연한 사람으로 인식되어 버린다.

요리사는 개인적인 시간보다 일의 경력을 쌓는 일에 하루 생활이 맞춰져 있다. 요리사로서 경력을 쌓으려면 열심히 일하는 방법밖에 없다. 요리사가 죽어라 일하는 동안 수많은 주말과 휴일이 지나간다. 그 결과 인간관계도 점점 멀어진다.

그들은 주방에서 매일 만나는 동료나 선배와 좋은 관계를 유지하면서 지내기도 한다. 가족보다 더 오랜 시간을 함께 지내니까 서로를 잘 이해하는 좋은 친구로 오래 남는다.

몸에 상처를 새기는 혹독한 직업

요리사는 직업의 특성상 칼과 불을 이용하는 게 일상이다 보니, 칼에 베이고 화상을 입는 일이 다반사이다. 이런 상처를 영광의 상처라고 부르는데, 이들은 손과 팔에 가득한 흉터를 훈장처럼 여긴다. 그래서 상처를 입고도 별일 아니라는 듯 꿋꿋이 버틴다.

화상을 입어 벌어진 손등으로 산처럼 쌓여 있는 접시를 설거지하고, 숯불 그릴에서 종일 스테이크를 구워 손이 벌겋게 익어도 셰프가 되는 과정이라 여기며 이겨낸다. 물과 불로 인한 상처 못지않게 영하의 온도를 견뎌야 하는 일도 많다.

무더운 여름, 요리사는 대형 냉동실에 들어가 작업을 한다. 청소나 식자재 정리를 위해 냉동실에 들어가는 일도 있지만, 요리 장식을 만들려고 일부러 들어가서 일을 해야 할 때도 있다. 이를 테면 체리에 바른 젤리가 영하에서 잘 굳기에 어쩔 수 없이 냉동실에서 일을 한다.

잠시라면 무더위를 피하기에 좋지만, 그 안에서 일을 하는 것은 차원이 다른 얘기다. 냉동실에서 꼬챙이에 꿰놓은 장식 체리를 하나하나 떼어내는 작업도 한다. 손이 꽁꽁 얼어서 피도 안 통하는데, 오직 손님이 기분 좋게 먹을 음식이기에 고통을 꾹 참는다.

무엇이 이들을 극한 상황에서도 견디게 만드는 걸까? 어느 직업보다 독하게 마음먹지 않으면 견디기 힘든 직업이기에 그것을 숙명처럼 받아들이는 것은 아닐까? 강철 체력도 아니면서 누구보다 굳세게 버티고, 선배들의 따끔한 야단에도 "네. 잘못했습니다. 죄송합니다. 다시는 안 그러겠습니다."라고 외친다. 집에 가서 울지언정 주방에서는 속상함을 누른다. 그러면서 마음에 자신만의 오뚝이를 하나씩 만들어간다. '넘어져도 다시 일어나자! 나는 할 수 있다!'를 반복하면서 말이다.

셰프의 직업 특징과
요구 능력

레스토랑은 개점 시간에 열리고 폐점 시간에 닫힌다. 요리사의 업무도 레스토랑 시간에 맞춰져 있다. 레스토랑은 손님의 방문으로 비로소 일이 돌아간다. 요리의 맛과 모양, 스타일에 반해 찾아오는 귀한 발걸음이 있는 걸 알기에 요리사는 마음가짐을 단단히 한다. 혹시라도 실수하여 요리를 망치지 않을까 긴장의 끈을 놓치지 않으면서.

스르륵. 드디어 손님이 레스토랑 문을 밀고 들어오면 요리사들의 눈빛이 빛을 내기 시작한다. 기다렸던 주문이 들어오면 요리사는 완벽한 요리를 하기 위해 주방에서 동분서주한다. 불은 환풍기를 뚫을 듯 높이 솟아오르고, 칼은 빠른 속도로 재료를 잘라낸다. 막내 요리사는 선배 요리사의 지시에 따라 문턱이 닳을 듯 뛰어다닌다. 이들의 노력이 헛되지 않았음을 증명하는 건 손님의 환한 미소와 '맛있다' 는 평가뿐이다.

철저한 준비성과 청결

손님의 환한 미소는 저절로 주어지지 않는다. 하나부터 열까지 레스토랑이 세운 규칙과 운영 철학을 지켜내는 자세로 노력해야 얻어진다. 대회에 참가한 선수가 얻은 금메달처럼 말이다. 어떤 식당이든 문을 열었으면, 손님을 맞을 만반의 준비를 마치고 기다리기 마련이다.

요리사는 출근을 하자마자 무슨 일을 할까? 그들은 우선 전열 기구가 정상적으로 가동하는지 확인하고, 오븐을 예열한다. 혹시 망가진 기계가 없는지 점검한다.

식자재 주문도 미룰 수 없는 중요한 일이다. 아침에 재료상에서 들어오는 식자재 상태를 일일이 확인하고, 냉장고에 넣어놓는다. 예를 들어, 살아 있는 랍스터를 주문받아야 하는 이탈리안 레스토랑이라면, 죽은 랍스터를 받았을 때 바로 반품하는 게 원칙이다. 그 밖에 조리사는 냉장고와 창고에 보관한 재료의 숫자와 분량을 정확히 파악해야 한다.

청소는 주방의 위생을 지키기 위해 가장 중요한 일이다. 요리사는 요리하는 틈틈이 주변을 정리 정돈해야 한다. 주변은 틈만 나면 더러워진다. 칼질하면서, 재료를 볶고 삶으면서, 양념이 튀면서 순식간에 더러워져 치우는 게 불필요하게 느껴질 정도이다. 그럴수록 청결함에 더 신경써야 한다. 레스토랑 폐점 시간이 되면 본격적으로 대청소가 시작된다. 온종일 뛰어다니느라 기진맥진한 몸이지만, 기운을 내서 주방을 목욕시키듯 깨끗이 쓸고 닦아야 한다.

주방에서 꼭 필요한 6가지

주방에서 다른 요리사들과 잘 지내려면 무엇이 필요할까? 팀원들과 사이좋게 지내기, 친절, 예의, 배려? 이런 뻔한 말은 잠시 넣어두도록 하겠다. 주방은 여러 요리사가 모여 결과물을 만들어내는 곳이다. 그러므로 단체 생활을 하는 사람으로서 꼭 지켜야 할 사항이 있다.

① 다른 사람의 마음 알아채기

쉽게 말해 눈치가 있어야 한다. 눈치는 남의 마음이나 일의 낌새를 알아채는 힘이다. 여러분 중에서 "눈치가 빠르다.", "센스 있다."라는 말을 들어본 사람이 있다면 앞으로 사회생활을 하는 데 어느 정도 도움이 될 것이다. 눈치는 사람 사이에서 나침판 같은 역할을 한다. 눈치가 빠르면 굳이 말을 하지 않아도 돌아가는 분위기를 손쉽게 파악한다. '내가 뭘 잘못했구나.', '저 사람이 또 문제를 일으켰구나.',

'일을 도와줘야 하나?' 이런 식의 판단이 빠르게 선다.

막내 요리사의 굼뜬 행동으로 화가 난 선배 요리사가 눈을 부라리며 쳐다보고 있다. 그런데 막내 요리사가 눈치도 없이 선배 요리사가 쏘는 눈빛을 무시하며, 얼음물에 담근 이파리를 손으로 하나씩 천천히 뜯고 있다면? 참지 못한 선배 조리사의 불같은 잔소리를 듣게 될 것이다.

무엇이 문제였을까? 채소 이파리는 얼음물에 오래 담그면 짓무른다. 그날 써야 할 채소가 전부 쓰레기통으로 가야 할지도 모르는 상황이다. 이파리를 얼음물에 오래 담그면 안 된다는 사실을 몰랐어도, 분위기가 이상해진 낌새가 보일 때는 주저 없이 무엇 때문에 그런지 물어보고 행동을 고쳐야 한다.

② 융통성과 빠른 판단

손님이 스테이크를 미디엄 레어로 주문했다고 해보자. 요리사는 주문에 맞게 미디엄 레어로 잘 조리해서 내놓았다. 그런데 손님이 한입을 썰어 먹더니 더 익혀 달라고 접시를 물린다. 조리법에 딱 맞게 숯불에 익힌 스테이크인데, 무엇이 문제였을까?

융통성은 여기에서 발휘된다. 융통성 있는 셰프라면 되돌아온 접시를 보고, 다시 고기를 구우라고 말할 것이다.

미디엄 레어는 아니지만 좀 더 익힌 형태로 내보내라고 지시하는 것이다. 숯불에서 스테이크를 굽는 조리사는 고개를 끄덕이며 고기를 다시 굽는다.

반대의 경우는 어떨까? 요리에 대한 철학이 남다르고, 자존심이 유독 센 셰프가 이런 일을 당했다면? 접시를 들고 가서 레어가 맞는다고 손님을 가르치려 든다면? 그다음 일어날 상황은 보지 않아도 상상이 된다.

그 밖에도 요리사가 융통성을 발휘해야 할 상황은 무수히 많다. 손님이 밀려들어 랍스타가 떨어져 주문을 받지 못할 때, 셰프로서 어떤 선택을 내려야 할까? 또는 막내 요리사가 손님이 주문하지 않은 엉뚱한 파스타 종류를 섞어서 삶고 있는 걸 발견했을 때는 어떻게 해야 할까? 전자의 경우라면 서빙 직원에게 상황을 알리고, 더는 주문을 받지 말아야 한다. 후자의 경우는 시간이 촉박하더라도 삶던 파스타를 버리고, 새 파스타를 넣고 다시 끓여야 한다.

③ 집중을 위한 긴장감

주문이 밀려드는 주방은 마치 전쟁터 같다. 좁은 공간, 한정된 주방 기구와 조리사, 짧은 시간…. 이 모든 상황을 극복하고 어떻게든 주문서에 맞게 음식을 만들어야 한다. 그곳에는 불과 끓는 물, 높은 온도로 달궈진 기구들, 칼이 즐비하다. 까딱 잘못하면 사고가 일어난다.

실수도 일어나기 쉽다. 기껏 잘 만든 요리에 소금 대신에 설탕을 넣는다든지, 파슬리 가루를 뿌려야 할 때 후추를 뿌릴 수도 있다. 또는 올리브오일 대신에 시럽이나 식초를 넣기도 한다. 다 된 밥에 코를 빠뜨리는 격이 아닐 수 없다. 이런 행동을 하지 않으려면 긴장을 늦추지 말아야 한다. 긴장은 긍정적인 역할도 한다. 느슨해진 몸과 마음을 팽팽히 당겨서 정신을 바짝 차릴 힘을 준다.

④ 숙련되기 위한 스피드

오픈 준비를 거의 다 마친 레스토랑은 여유롭다. 그러나 손님이 방문하면 공기가 금세 달라진다. 점심보다 저녁이 더 바쁘고 이용하는 사람도 많아진다. 그럴수록 조리사의 손과 발은 더 빠르게 움직인다. 10명의 단체 손님이 코스요리를 주문했는데, 느릿느릿 움직일 요리사는 없다. 주문이 떨어지는 순간, 맡은 일이 순식간에 분배되며 여러 요리사들이 착착 계획적으로 움직인다.

여러분이 셰프를 꿈꾸며 요리에 관심이 있다면 빠른 손놀림을 키우는 게 좋다. 레스토랑을 운영하는 사장(오너 셰프)의 입장에서도 빠르게 움직이는 셰프를 선호한다. 만약 당신의 행동이 조금 느리다면 의식적으로 좀 더 빠르게 움

직여보기 바란다. 셰프가 되고 싶은 꿈만 있고 칼질조차 해
본 적 없다 해도 괜찮다. 지금부터 시작하면 된다. 대신 연
습을 차근차근 시작해야 한다. 그러다 보면 속도는 자연스
럽게 붙을 것이다.

⑤ 배우려는 의지

초보 요리사는 주방에 들어서는 순간부터 따끔한 잔소
리를 듣는다. 잘하고 싶은 마음은 굴뚝같으나 몸은 굼뜨고
실수투성이다. 사고만 안 치면 다행일 정도다. 다리가 퉁퉁
붓도록 주방을 뛰어다니지만, 아직 배움이 모자라 선배 요
리사들의 충고나 질타를 들을 수밖에 없다. 안타깝게도 퇴
근길에 눈물을 닦으며 집으로 돌아가는 일이 일상이 된다.

대부분의 사회 초년생은 일에 적응하느라 고달프다. 막
내 요리사도 고생이 이만저만이 아니다. 일은 거칠고 힘들
며 같이 일하는 선배들은 무섭기만 하다. 셰프가 되는 길이
이토록 힘든데도, 요리사로서 주방에 들어가고 싶은 이유
는 무엇일까? '배우고 싶은 의지' 때문이다. 누구나 인정하
는 훌륭한 셰프가 되려면 요리사로서 경력을 쌓아야 한다.
유학이나 조리학과를 졸업하여 이름 있는 레스토랑에서 일
을 배우는 것도 한 방법이다.

뛰어난 셰프 밑에서 일을 배우는 것은 축복과도 같은 행

운이다. 롤모델, 멘토, 스승 등 어떤 말을 붙여도 부족하지 않다. 셰프를 꿈꾸는 이들은 선배 셰프의 소중한 경험을 배우기를 원한다. 아무리 힘들어도 인내하는 것은 찬란한 내일이 다가오리라는 믿음이 있기 때문이다. 그러므로 긍정적인 마음으로 차근차근 앞으로 나가는 게 좋다. 마음이 불안할 때는 자신이 왜 이 일을 배우려는지 스스로 돌아보면 그 답을 찾을 수 있을 것이다.

⑥ 몸과 마음의 체력 기르기

요리사의 업무는 강도가 세다. 몸은 힘들고 마음은 늘 바쁘다. 그냥 바쁜 게 아니라 눈코 뜰 새 없이 바쁘다. 업무 시간이 아침 일찍부터 저녁 늦게까지 이어지니 긴장감과 피로도가 높아진다. 변변한 휴식 시간도 없고, 휴일도 구경하기 힘든 지경이다. 게다가 업무 강도에 비해 월급은 높지 않은 편이다.

최현석 셰프는 한 방송 다큐멘터리에서 자신의 주방에서 일하는 조리사들을 가리켜 '일에 미친 사람들'이라도 말한 적이 있다. 그만큼 요리에 미치지 않고서는 버티기 힘든 직업이란 의미일 것이다.

셰프가 되려면 멀리 내다보고 가야 한다. 운동으로 치면 마라톤과도 같다. 그러니 틈틈이 스트레칭으로 몸을 풀어

주고, 건강을 위해 체력을 길러야 한다. 쌓인 스트레스를 쌓아두지 말고 그때그때 풀어야 한다. 바빠서 운동할 시간이 없다면 쪼개서라도 해야 한다. 체력이 뒷받침되면 일을 할 때도 버틸 수 있는 힘이 된다.

가령 요리를 공부하기 위해 유학 준비를 한다고 해보자. 퇴근 후 외국어를 공부해야 할 때 가장 필요한 것은 무엇일까? 돈이나 시간이 아니다. 체력이다!

재미로 해보는 셰프 테스트

일찍부터 진로를 정하는 일은 쉽지 않다. 성인이 되어서도 하던 일을 그만두고 적성에 따라 다른 일을 찾는 일이 비일비재하다. 더군다나 호기심이 많아 이것저것 해보고 싶은 청소년기에 진로를 찾는 일은 건초더미에서 바늘을 찾는 것과 다름없다. 그러나 청소년기에 진로를 찾는 것이 마냥 어려운 일만은 아니다. 진로를 찾으며 얻은 경험은 인생을 살아가는 데 꼭 필요한 눈을 갖게 하기 때문이다.

그렇다면 진로는 어떻게 찾아야 할까? 생각보다 간단하다. 진로를 찾는 기준, 즉 키워드를 '좋아하는 것'에 맞추면 된다. "저는 제가 무엇을 좋아하는지 모르겠어요."라고 말하는 학생이 있다면, 질문을 다르게 해 보겠다.

"여러분은 어떤 요리를 하는 걸 좋아하나요?"

이 질문은 사람에 따라 다양한 답이 나올 것이다. 초등학생 때부터 요리를 해온 친구도 있을 테고, 요리를 거의 해보지 못한 친구도 있을 것이다. 자신이 정말 요리에 관심이 있는지 간단히 테스트를 해보자. 재미로 해보는 테스트이니 긴장할 것은 없다. 다음을 읽고 자신이 해당된다고 생각하는 문장에 표시를 해보자.

---

① 요리를 전혀 못 한다. 한 번도 해본 적 없지만 하고 싶은 마음은 있다. ·· □

② 라면을 곧잘 끓인다. 물 조절은 물론, 적당히 익는 시간까지 잘 지킨다. 갖은 재료를 섞어 먹을 줄도 안다. ··················· □

③ 밥을 할 줄 안다. 밥물을 맞출 줄 알고, 전기밥솥이나 냄비에 밥을 해 먹는다. ··· □

④ 부모님을 도와 부엌에서 종종 일한다. 부모님이 좋아하는 음식을 요리해서 대접한 적이 있다. ···························· □

⑤ 과일을 예쁘게 깎는다. 과일의 특징에 맞게 썰어 접시에 담고, 장식하는 걸 즐긴다. ··································· □

⑥ 요리에 재주가 없다. 그러나 맛을 잘 가려낸다. 음식 맛을 보고 무엇이 빠지고 들어갔는지 잘 맞힌다. ················· □

⑦ 요리 대회에 참가한 적이 있다. 평소에 여러 가지 레시피를 찾아보는 편이다. ·· □

---

① 요리를 전혀 못 한다. → <알 단계>

칼이나 불이 무서워서, 또는 부모님이 부엌에 못 들어가게 하는 등의 이유로 한 번도 요리를 해보지 못한 단계다. 여러분이 할 일은 일단 두려움을 버리고 믿음을 갖는 것이다. 칼과 불에 대한 걱정을 내려놓고, 부모님을 안심시켜야 한다. 혹시 부모님이 요리하는 걸 반대한다면, 그건 여러분의 행동이 미숙해 보이기 때문이다. 진지한 태도로 요리에 임하는 모습이 필요하다. 기본적으로 칼을 어떻게 쥐고, 재료를 어떻게 썰어야 하는지, 도마 이용법 등의 기초 지식을 배워보자.

② 라면을 곧잘 끓인다. → <새싹 단계>

새싹 단계지만 훌륭하다! 라면을 잘 끓이는 건 생각보다 어렵다. 물이나 불 조절을 잘못해서 싱거운 라면, 짠 라면, 퉁퉁 불은 라면을 끓이기 십상이다. 새싹 단계는 요리에 소질이 엿보인다. 좀 더 연구해서 여러 재료를 넣어보고, 맛의 차이를 구분해서 더 맛있는 라면을 끓여보는 수준으로 끌어올려보자. 라면 끓이기에 흥미가 있으니, 라면 전문가가 될 가능성도 다분하다.

③ 밥을 할 줄 안다. → <효자손 단계>

밥물을 맞추고 밥을 익히다니! 여러분이 밥을 할 줄 안다는 사실만으로 대단하다. 밥을 짓는 일은 진입장벽이 큰일이다. 주식으로 먹는 밥을 망칠까 봐 두려움이 들 수도 있다. 그러나 그 두려움을 넘으면 다음 단계로 나아갈 길이 보일 것이다. 국이나 찌개, 반찬을 만드는 일에도 관심이 생길 수 있다.

④ 부모님을 도와 부엌에서 종종 일한다. → <꼬마 요리사 단계>

어쩌면 당신은 요리사가 되기 위해 태어났을지도 모른다. 어릴 때는 아기 새처럼 수동적으로 받아먹기만 해도 누가 뭐라고 할 사람이 없다. 그런데 당신은 부엌에서 부모님을 돕는 걸 즐기는 사람이다. 진지하게 생각해보길 바란다. 그저 부엌일을 돕는 일이 즐거운지, 아니면 요리사가 되고 싶은지 말이다. 여러분의 선택에 따라 취미생활이 직업으로 바뀔 수 있다.

⑤ 과일을 예쁘게 깎는다. → <특별한 손재주 단계>

과일 껍질을 고르게 깎아 접시에 예쁘게 담으면 보는 사람 입장에서도 기분이 좋다. 작은 재주처럼 보이지만 이 또한 훌륭한 감각으로 발전될 가능성이 있다. 요리하기를 좋아한다고 해서 모두 요리사가 되는 건 아니다. 만약 당신이 요리에 관심이 있으면서 꾸미고 장식하는 것을 좋아한다면 '푸드스타일리스트'는 어떨까? '푸드스타일리스트'는 맛을 시각적으로 보여주는 재능이 필요한 직업이다.

⑥ 음식의 맛을 잘 본다. → <음식 평론가 초보 단계>

사람들은 음식을 먹을 때 맛에 대해 평가한다. 그런데 "맛이 어떻게 달라?"라는 질문 앞에서는 쉽게 입을 열지 못한다. 텔레비전에서 음식 평론가가 맛에 관해 막힘없이 술술 말하는 걸 본 적이 있을 것이다.

만약 여러분이 맛에 대해 평가하기를 좋아한다면 그건 음식 평론가 기질이 있기 때문이다. 음식 평론가는 미각이 뛰어난 사람이다. 셰프가 지닌 미각과 비슷하지만 하는 일은 다르다. 음식 평론가는 음식과 맛에 대해서는 물론이고, 음식의 역사와 트렌드에 대해 대중에게 소개하고 알리는 일을 한다. 요리에는 재주가 없지만 맛에 대한 감각과 관심이 많다면, 음식 평론가의 길도 생각해보기를 바란다.

⑦ 요리 대회에 참가한 적이 있다. → <준비된 셰프 단계>

짝짝짝! 당신이 지닌 열정에 박수를 보낸다. 남들보다 훨씬 빠르고 정확하게 재능을 찾았다. 자신이 무엇을 좋아하는지 알고, 과감히 도전한 정신은 본받을 만하다.

이 단계를 선택한 사람은 천재적이거나 꾸준한 노력파일 것이다. 앞으로의 장래가 기대된다. 자만하지 말고 더 열심히 자신에게 맞는 셰프의 길을 찾아가길 바란다. 조금 막막하다면 주변에 있는 멘토들에게 도움을 청해보자. 셰프들이 쓴 책을 읽어보거나 그들이 출연한 방송을 보는 등의 간접체험도 여러분을 도와줄 것이다.

2장
내가 셰프가
되기까지

셰프 능력
들여다보기

절대 미각

셰프가 되려면 미각이 뛰어나야 한다. 기왕이면 절대 미
각이 되면 더 좋다. "아니, 이건 무슨 소리? 절대 미각은 태
어날 때부터 주어진 능력이 아닌가요?"라고 반문할 수도
있다. 물론 그 말이 맞기도 하다.

그러나 절대적인 미각을 지닌 사람도 재능만 믿고 자만
하거나 발전시키지 않으면 평범해지고 만다. 반대로 부족
한 재능이라도 혀의 감각을 발현시키기 위해 노력한다면
절대 미각이 될 수 있다. 여러분이 셰프가 되고 싶다면, 지
금부터라도 혀에 대한 예민한 감각을 길러야 한다. 그 유일
한 방법은 많이 먹어보고, 맛을 기억하는 것이다.

실제로 유명 레스토랑에서 근무하는 셰프들은 출장차 해

외로 미각 여행을 다닌다. 짧은 일정에도 이들은 한 끼라도 더 먹어보려고 안간힘을 쓴다. 여러 종류의 음식 맛을 보기 위해 무려 7~12끼를 먹고 다닌다. 하루 삼시 세 끼라는 규칙은 셰프에게 의미가 없다. 왜 이런 노력을 하는 걸까? 훌륭한 셰프들의 요리를 보고, 맛보며, 배우기 위해서이다. 아무리 일정 수준에 오른 뛰어난 셰프라도 자신이 가지고 있는 틀을 깨기 위한 노력은 항상 필요하기 때문이다.

혀를 예민하게 하려면 많이 먹어 보는 것도 중요하지만, 우선 자기 관리부터 해야 한다. 금연, 금주는 기본이다. 맵고, 짜고, 달고, 자극적인 음식은 혀를 둔감하게 하기 때문에 조절해서 먹어야 한다. 한 호텔 조리사들은 영업이 끝난 뒤에 밥을 챙겨 먹는다. 그 이유는 '배고픈 조리사가 맛을 제대로 본다.'는 총주방장의 지침을 지키기 위해서라고 한다. 절대 미각을 지키려는 셰프의 의지와 사투가 엿보인다.

황금 식자재를 얻으려는 열정

셰프는 손님이 음식을 먹은 뒤 만족스럽기를 바란다. 음식을 먹으며 행복하게 웃기를 원하고, 레스토랑을 떠난 이후에도 요리의 맛을 재차 떠올리길 바란다. 요리에 대한 기본 평가가 1~10까지라면 셰프는 10을 넘어 20까지 가기를 기도하는 마음으로 요리를 한다. 요리에서 혹시라도 뭔가

빠진 것은 없는지, 맛을 더 좋게 하는 조리법은 없는지 찾아본다. 또 요리에서 가장 기본이 되는 재료를 연구한다.

셰프는 재료에 대한 고민의 답을 땅과 바다에서 직접 찾기도 한다. 채소가 튼튼하게 자라고, 닭, 돼지, 소가 뛰어노는 농장, 물고기가 노니는 터전에서 말이다. 셰프는 좋은 식자재를 얻기 위해 전국 곳곳을 직접 돌아다닌다. 요리의 기본이 되는 식자재의 맛과 향을 접하고, 지역마다 있는 특산품의 특징을 기록한다. 우연한 기회에 귀한 식자재를 찾으면 보물을 얻은 것처럼 기뻐한다. 틈틈이 찾아낸 정보를 수첩에 메모하며, 사진으로 기록하는 일도 빼놓지 않는다. 또한 식자재를 납품하는 시장 상인과 친밀한 관계를 맺는다.

그렇다! 여러분도 눈치를 챘겠지만, 요리의 맛이 좋으려면 기본 재료가 좋아야 한다. 신선하고 고유의 향과 맛이 그대로 유지되어 있어야 한다. 그래서 셰프는 부족한 잠을 쪼개서 새벽시장에 나가고, 좋은 재료를 얻기 위해서라면 해외 먼 곳도 문제없다. 이렇게 해서 '팜 투 테이블(Farm to table), 즉 농장에서 키운 식자재를 바로 손님 식탁에 올리기도 한다. 유럽에서는 레스토랑에서 운영하는 농장이 많다고 한다. 이렇게 손님이 안심하고 먹도록 신뢰를 쌓는 것도 셰프의 몫이다.

우리나라 레스토랑도 변하고 있다. 미슐랭 별을 받은 어느 레스토랑은 직접 농장을 운영하며 제철 음식을 손님에게 제공한다. 계절에 따라 메뉴를 자주 바꿔야 하는 번거로움이 있으나 최상의 재료로 만든 최고의 음식을 손님에게 선사하기 위한 노력이다.

주방을 지휘하는 카리스마

만약 주방 내 요리사들의 직급이 사라지고, 주방이 집처럼 편안한 곳이 된다면? 또 주방을 관리하는 총주방장이 없다면 어떤 상황이 벌어질까? 모르는 사람이라면 "뭐 그게 어때서?"라고 말할지도 모르지만, 주방 내의 문화를 잘 아는 사람이라면 고개를 절레절레 흔들 수도 있다.

알다시피 주방은 위험한 물건이 널린 곳이다. 이런 주방에서 실수는 곧 사고로 이어지기에 긴장의 끈을 바짝 조여야 한다. 그런데 주방 분위기가 느슨해지고, 요리사들의 긴장감이 풀어진다면 난장판이 되는 건 시간문제이다. 일을 책임질 사람, 즉 직급이 사라지면 주방은 자기들의 본분은 잊은 채 서로의 의견을 주장하거나 다투느라 더 시끄러워질 것이다. 그래서 총책임자인 셰프의 역할이 필요하다.

요리사들의 바로 옆에 일일이 붙어서 그들이 빨리 움직

이는지, 멍하니 있는지, 프라이팬에 놓인 고기를 익히는 불세기가 적당한지 등 온갖 것에 참견한다. 어떻게 보면 너무한다 싶을 정도로 위계질서가 세 보일 수도 있다. 선배 요리사의 말이나 행동이 부당할 때도 있다. 하지만 그보다 더 중요하게 봐야 할 것은 요리는 '실전'이라는 점이다. 전쟁 같은 현장 속에서 일의 순서와 방법을 가르치다 보니 그런 오해를 받는 면도 있다.

수십 명의 손님이 밀려들어 주문서가 주방에 쌓이면, 요리사들은 마치 짜여진 시나리오처럼 정확하게 움직여야 한다. 분초를 다투는 주문서는 발등에 떨어진 불이다. 그래서 주방을 관리 감독하는 카리스마 있는 셰프가 필요하다. 마치 오케스트라를 이끄는 지휘자처럼 말이다.

화합을 이끌어내는 힘

2017년 11월 7일, 온 국민의 시선이 청와대 국빈만찬에 집중됐다. 국빈으로 초대된 이가 세계적으로 주목을 받는 미국의 도널드 트럼프 대통령이었기 때문이다. 특히 한반도는 북한과 미국의 갈등으로 날이 갈수록 긴장의 수위가 높은 상황이었다. 그런 상황에서 미국 대통령 내외가 청와대에 방문한 것이다.

언론에 공개된 네 가지 국빈만찬 메뉴는 다음과 같다.

① 옥수수죽을 올린 구황작물 소반

② 동국장 맑은국을 곁들인 거제도 가자미구이

③ 360년 씨간장으로 만든 소스의 한우 갈비구이와 독도 새우 잡채를 올린 송이돌솥밥 반상

④ 산딸기 바닐라 소스를 곁들인 트리플 초콜릿 케이크와 감을 올린 수정과 그라니타

청와대는 요리 하나하나에 의미를 담았다. 한·미 동맹이 더욱더 굳건해지리라는 바람으로 트럼프 대통령이 좋아하는 가자미와 소고기를 재료로 우리 전통을 조화롭게 엮어냈다. 청와대가 언론에 제공한 요리 사진을 보면, 한 편의 훌륭한 예술작품 같다. 보기에도 좋은데, 직접 먹으면 어떤 맛과 기분이 들까 하는 궁금증이 날 정도이다. 이런 마음이 국민들에게도 일었는지, 360년 씨간장과 독도 새우가 한동안 인터넷 검색어에 오르며 화제가 되었다.

이렇게 의미 있는 상차림을 준비한 셰프는 어떤 사람일까? 그는 적어도 단순히 먹는 음식을 만드는 사람이 아니다. 요리를 만들어 화합을 이끌어내는 진정한 예술가이자 외교관이다.

셰프가 되는 길
①진로 체험

"셰프가 되고 싶어요! 당장 무엇부터 하면 좋을까요?"

의욕은 충만한데 어떻게 해야 할까? 이 장에서는 각자의 수준에 맞는 진로 체험 방법을 소개하고자 한다. 다음 초급·중급·고급 단계 중에 여러분에게 맞는 방법을 찾아서 생활에 적용해보기를 바란다.

초급(Step 1)_ 가까이에서 해답 찾기

초급 단계는 말 그대로 요리에 처음 입문하는 단계다. 여러분이 칼 한번 잡아보지 못하고, 라면조차 끓여보지 않았어도 괜찮다. 그러나 꼭 필요한 준비물이 있다. 그 준비물은 '열정'이다. '열정'은 여러분 마음에 담긴 순수한 애정이나 셰프가 되겠다는 불타는 의지를 뜻한다. 단순한 흥미나 호기심보다 한 걸음 더 나아간 마음 자세다.

집에서 가족에게 음식을 해 주는 사람이 누구인가? 예를 들어 그 역할을 주로 어머니가 한다고 해보자. 어머니가 부엌에서 분주히 저녁 준비를 한다. 평소라면 여러분은 학원에 다녀오자마자 혹은 집에서 공부하다가 밥을 먹을 것이다. 그전까지 여러분은 단지 배가 고파서 그것을 해결하기 위해 밥을 먹었을 것이다. 어떻게 밥과 반찬, 국이 만들어지는지 잘 모르는 채로 말이다. 이제부터는 달라져야 한다. 구경꾼이 아닌 참여자의 태도로 임해야 한다.

① 엄마 찬스

우리 집 부엌의 책임자가 어머니라면, 먼저 어머니에게 동의를 구해야 한다. 어머니를 도와 요리를 해보고 싶다고, 또는 요리를 배우고 싶다고 도움을 구하는 것이다. 진지한 태도로 요리사가 되길 원한다고 얘기해라. 간절한 마음만 있다면 어머니도 여러분의 청을 쉽게 뿌리치지 못할 것이다. 만약 허락을 받지 못했더라도 포기는 이르다. 꾸준히 참을성 있게 어머니에게 도움을 청하면 가르쳐줄 것이다.

'엄마 찬스'는 여러분이 신뢰를 얻어내는 것이 가장 중요하다. 신뢰를 얻으려면 믿음이 필요하다. 우리 집 부엌의 셰프인 어머니에게 잘 보이려면, 청소, 설거지, 안마, 신발 정리 등 야무진 행동으로 점수를 따야 한다.

② 집에서 하는 실습

요리는 식자재를 손질해 끓이고, 찌고, 볶고, 굽고, 지지고, 말리고, 절이고, 양념하는 등의 행위이다. 그래서 식자재 손질은 요리의 가장 기본이다. 어머니가 부엌에 들어서서 요리를 시작하면, 옆에서 필요한 게 무엇인지 생각해보라. 어머니가 양파와 감자, 파, 마늘을 손질하길 원한다면 어떻게 껍질을 벗기는지 요령부터 배워야 한다. 칼 잡는 방법, 식자재를 손질하고 자를 때 조심해야 할 점을 익히고 그대로 따라 해야 한다.

마늘 껍질을 까느라 부르튼 손, 양파 껍질을 벗기고 자르느라 벌게진 눈…. 식자재 손질은 쉽지 않은 일이다. 각 재료의 특성에 따라 주의해야 할 점이 다 다르기 때문이다. 그래도 경험은 헛되지 않다. 적어도 그동안 어머니가 가족을 위해 해온 수고로움을 깨달았을 테니 말이다.

③ 섬세하게, 꼼꼼하게, 깨끗하게!

부엌에서는 무조건 깔끔한 습관을 들여야 한다. 설거지 후에도 싱크대 주변을 정리하고 말끔하게 행주로 닦는 습관을 들여야 한다. 식자재 손질 뒤나 요리 중에도 청결함을 유지하도록 신경 써야 한다. 또 어머니에게 들은 도움말을 수첩에 적어서 잊어버리는 일이 없도록 노력하자.

만약 여러분이 부엌에서 불성실한 태도로 임한다면 어머니는 여러분을 부엌에서 내보내려고 할지도 모른다. 이는 여러분이 셰프가 된 뒤에도 일어날 수 있는 일이다. 여러분의 아군을 잃지 않으려면 늘 노력하고 배우려는 자세를 보여주어야 한다. 명심해라! 집에서 하는 연습이라도 날마다 성장하는 여러분이 되어야 한다.

④ 보고 배우기

어머니의 가르침과는 별개로 할 일이 있다. 바로 '보고 배우기'다. 모든 것을 공부로 생각하면서 더 배울 대상이 없는지 찾아보는 것이다. 운좋게 주변에 아는 셰프가 있으면 직접 물어볼 수 있지만 이건 드문 경우이다. 대게는 여러분을 가르쳐줄 대상이나 배울 거리를 직접 찾아야 한다.

좋은 스승은 따로 있지 않다. 분야별 요리책, 셰프 직업책, 요리 만화책, 요리 관련 영화, 요리 블로그, 요리 서바이벌 프로그램, 요리 강좌 동영상, 셰프 다큐멘터리 등을 꾸준히 찾아 공부하면 큰 도움이 될 것이다.

중급(Step 2)_ 취향이 생기는 시기

엄마 찬스를 이용해 성실하게 시간을 보냈다면, 한 걸음 나가보자. 도마 위에 재료를 놓고 자연스럽게 손질하며 자를 줄 알아야 한다. 또 할 줄 아는 요리가 적어도 3개 이상은 돼야 한다. 그래야 중급 단계에 오를 자격이 생긴다. 초급인지 중급인지 모를 경우에는 어머니만 봐도 안다. 부엌에서 요리를 할 때 어머니가 여러분을 든든히 여긴다면 중급 단계에 이른 것이다.

① 취향 찾기

요리를 하며 부지런히 자료를 찾아봤다면, 전에 없던 새로운 취향이 생겼을 것이다. 물론 일찍부터 셰프의 꿈을 꾸며 노력한 학생이라면 확고한 스타일이 있을 것이다. 하지만 대게는 그것을 찾는 게 어렵다. 취향은 하고 싶은 마음이 생기는 방향이나 경향을 뜻한다. 가령 요리에 관해서라면 이런 것들이다. "내가 하고 싶은 분야가 생겼어요!" "프랑스 요리를 배우고 싶어요!" "한식과 중식을 더 알고 싶어요!" 등등.

아직 좋아하는 요리의 취향을 찾지 못했다면 좀 더 분발해야 한다. 자신이 좋아하는 요리를 찾지 못했다는 것은 개성을 찾지 못한 것과 같다. 스스로에게 질문을 던져 보길 바란다! "넌 어떤 요리사가 되고 싶니?"라고 말이다.

② 인터넷 카페나 학원에 가보기

"넌 어떤 요리사가 되고 싶니?"라는 질문은 여러분을 한 걸음 앞으로 이끌 것이다. 중급 단계에 가면 같은 취향을 가진 사람과 만나고 싶기 마련이다. 뭔가를 배울 때는 혼자도 좋지만 같이 하는 즐거움도 크다. 함께 배우며 소통하고 싶다면 관련 동아리나 학원을 찾아가 보는 걸 추천한다. 다른 사람들은 어떤 식으로 요리하는지, 어떤 생각을 하고 있는지, 나아가 어떤 셰프가 되고 싶은지 서로 이야기하면서 거기서 '나'를 찾아보는 것도 좋은 방법이다.

포털 사이트에서 운영하는 요리 카페는 어떨까? 그중에서 자신이 배우고 싶은 요리를 주제로 하는 카페를 골라보자. 카페에 가입해 게시글을 보면 요리 수업은 어떻게 하는지, 가입한 사람들이 어떻게 활동하고 있는지 알 수 있을 것이다. 학원도 마찬가지다. 자신이 관심 있는 분야의 학원 중에서 수업 방식이 나와 잘 맞는지 살펴보고 선택한다. 다른 수강생들의 만족도를 체크해보는 것도 중요하다.

고급(Step 3): 취미냐 일이냐를 선택할 때

고급 단계에서는 갈림길을 만나게 된다. 취미 삼아 요리를 배우는 사람과 셰프가 되기 위해 배우는 사람으로 나뉘는 단계다. 만약 당신이 여기까지 왔다면, 그 노력에 박수를 보낸다. 이젠 그럴듯한 요리를 만들 줄 아는 실력으로 성장했을 것이다. 요리를 만들 때 수첩을 보고, 느릿느릿 움직여 요리를 한다고 해도 괜찮다. 대단한 발전이다.

가족들은 이미 카페 모임이나 학원 수강을 통해서 만든 여러분의 요리를 몇 번 맛봤을 것이다. 맛과 모양을 칭찬하면 어깨가 으쓱해지지만, "저번에 한 게 낫네. 이번에는 별로야. 맛없어!"라고 한다면 순식간에 기분이 축 처진다. 그러나 고급 단계에 이른 만큼 다른 사람의 말에 일희일비하기보다, 맛이 없는 원인을 찾아야 한다. 조리법에서 빠뜨린 건 없는지, 재료에 문제점 등을 찾는 것이 프로의 자세이다.

이런 과정이 반복되다 보면 자신도 모르게 점점 셰프의 마음가짐을 지니게 된다. 여러 개의 조리법을 외우고, 가족 기념일에 뚝딱 요리를 만들어내는 능력을 선보인다. 할 줄 아는 요리 분야가 넓어지고, 더 알고 싶어서 더 열심히 파고든다. 대학은 어느 과로 가는 게 유리한지, 유학은 어느 나라로 가는 게 나은지 등을 고민하게 된다. 이런 시기에 현장 분위기를 체험하는 건 그야말로 피가 되고 살이 되는 경험이다.

셰프를 꿈꾸면 일터를 구경하고 싶은 마음이 생긴다. 레스토랑의 현장 분위기가 궁금하고, 요리사들이 각자 할 일을 어떻게 하고 있는지, 어떤 모습인지 등 모든 걸 알고 싶어 한다. 진짜 조리사가 되어 생생한 현장감과 만나고 싶어서 몸이 근질근질한다.

셰프나 레스토랑에 찾아가려면 용기가 필요하다. 평소에 존경하던 셰프에게 자신을 소개해야 하는 쑥스러운 상황이 올 수도 있으니까 말이다. "저도 가고 싶은데, 갈 만한 레스토랑을 알지 못해요."라고 말하는 사람도 있을 것이다.

그럴 때는 부지런히 발품을 팔아보자. 셰프가 되고 싶은 마음이 간절하다면 자신이 이상적으로 그리는 레스토랑이나 식당이 하나쯤은 있는 게 좋다. 그 집의 음식 맛은 못 봤더라도 적어도 정보에는 민감해야 한다. 요즘은 인터넷 검색만 잘해도 관련 자료를 얼마든지 구할 수 있다. 그러므로 작은 일에도 열정을 가지고 용기를 내보는 것이다.

우선 내부 견학을 부탁해볼 수 있다. 간절한 마음만 있다면 못할 일이 없다. 존경하는 셰프가 있고, 맛은 환상적이며, 레스토랑 분위기가 맘에 든다면, 망설이지 말고 문을 두드려야 한다.

단, 철저한 준비가 되어 있어야 한다. 셰프의 마음을 사로잡을 자기소개서와 간절한 마음을 담은 손편지면 어떨까? 처음 보는 학생이 레스토랑 주방을 보여달라고 한다고 선뜻 길을 터줄 셰프는 없다. 그러니 여러분도 그 문을 열 만큼의 노력을 해야 하는 것이다.

셰프가 되는 길
②교육 기관

요리사가 되려면 체계적으로 배울 수 있는 교육 기관을 찾아야 한다. 여기에 나온 정보를 참고하여 학교와 학과를 살펴보고, 어디로 지망하는 게 자신에게 이로운지 선택해 보도록 하자. 학과 정보는 진로정보망 커리어넷(http://www.career.go.kr)에서 더 자세히 찾을 수 있다.

고등학교 조리 관련 학과

▶ 관련 학과

건강조리과, 관광외식산업과, 관광외식서비스과, 관광외식조리과, 관광조리과, 국제조리과, 국제조리과학과, 레저식품경영과, 바이오식품가공과, 바이오식품공업과, 바이오식품과, 바이오식품과학과, 바이오식품산업과, 바이오푸드과, 베이커리과, 뷰티식품과, 생활과학과, 수산식품가공과, 수산자원양식과, 식품가공과, 식품공업과, 식품과학과, 식품산업과, 식품생명과학과, 식품생활과학과, 식품제조공정과, 식품제조과, 식품품질관리과, 외식산업과, 외식조리경영과, 외식조리과, 자영식품산업과, 제과제빵과, 조리과, 조리과학과, 조리디자인과, 조리미용과, 치즈과학과, 컨벤션외식조리과, 푸드스타일디자인과, 푸드스타일링과, 푸드테크과, 한식조리과, 해양식품가공과, 호텔외식관광과, 호텔제과제빵과, 호텔조리과, 화장품과학과 등.

▶ 학과 소개

① 관광조리과(해운대관광고등학교)

관광조리과는 한식, 양식, 일식, 제과, 제빵 등의 분야에서 전문적인 조리인을 양성한다. 여기에서는 제과, 제빵, 한국 조리, 서양 조리, 일식 조리, 중식 조리, 호텔 식음료 서비스 실무, 전자상거래 실무, 사무관리 실무 등을 배운다. 취득할 수 있는 자격증으로는 한식조리사, 양식조리사, 일식조리사, 중식조리사, 복어조리사, 제과기능사, 제빵기능사, 조주기능사, 바리스타, 케이크 데코레이션, 푸드스타일리스트와 관련된 것들이 있다.

졸업 후 진로는 호텔 레스토랑, 뷔페, 전문음식점, 제과·제빵점, 식음료 연구기관, 식음료 강사, 외식 산업체, 병원 및 학교 단체 급식업체, 유통업체, 푸드스타일리스트로 활동할 수 있다.

② 바이오식품과(한국바이오마이스터고등학교)

바이오식품과는 바이오식품 제조공정을 운영하고, 관리하는 인력을 길러낸다. 여기에서는 바이오기초기술, 식품과학, 미생물배양기술, 바이오 분석기술, GMP 실무, 제형제제기술, 식품분석, 식품가공기술, 농업이해, 축산·수산식품 가공, 식품위생, 식품 품질관리에 대해 배운다.

졸업 후 진로는 미생물배양 및 발효식품 개발, 바이오식품 및 건강기능식품 제조공정 관리, 식품위생 및 안전관리(HACCP), 식품분석 및 품질관리(QC, QA), 바이오의약품 제조 및 품질관리(GMP), 화장품 제조 및 품질관리(CGMP), 시험인증기관 시험연구원으로 일할 수 있다.

③ 식품가공과(영광공업고등학교)

식품가공과는 식품가공과 품질관리를 할 줄 아는 전문가를 키운다. 여기에서는 식품과학, 식품위생, 식품가공기술, 제빵, 제과에 대해 배운다. 취득할 수 있는 자격증은 식품가공기능사, 제빵기능사, 제과기능사, 바리스타, 한식조리기능사, 위생사이다.

졸업 후 진로는 제과 종사자, 식품가공, 식품품질관리, 식품분야연구, 외식업체와 식품 위생에 관련된 곳에서 일할 수 있다.

▶ 관련 학과

대학 과정에서는 요리에 관한 좀 더 체계적이며 전문적인 교육을 받게 된다. 대표적으로 호텔조리과, 외식조리과, 조리과학과, 전통조리과, 식품조리과, 호텔외식경영과 등이 있다.

▶ 학과 소개

① 호텔조리과

전 세계 요리를 하는 능력자가 되고 싶다면 호텔조리과를 추천한다. 탄탄한 이론과 실습으로 국제화 시대에 필요한 셰프로 성장할 수 있다. 졸업 후에는 제과사, 제빵사, 조리사, 주방장으로 각종 호텔을 비롯한 전문 레스토랑에서 일하게 된다.

② 외식조리과

외식조리과는 외식 문화가 날로 발달하는 요즘 시대에 존재감이 더 드러나는 학과이다. 외식산업 최전선에서 국민의 건강과 올바른 식생활 문화를 이끌어간다고 할 수 있다. 졸업 후에는 푸드스타일리스트, 바텐더, 제과사, 제빵사, 조리사, 주방장으로 일한다.

③ 조리과학과

마트에서 구매하는 간편식에는 조리과학의 비밀이 숨어 있다. 조리과학과는 세계 여러 나라의 음식을 비롯해 우리의 전통음식을 보다 간편하게 조리해 먹을 수 있도록 연구한다. 졸업 후에는 식품공학 기술자, 전통식품 제조원, 제과사, 제빵사, 조리사, 주방장으로 일한다.

④ 전통조리과

전통조리과는 우리나라 음식의 전통을 계승하는 학과이다. 그렇다고 전통음식에 대한 교육에만 집중되어 있는 것은 아니다. 과학적이며 체계적인 이론과 기술을 바탕으로 하는 다양한 음식을 골고루 배운다. 졸업 후에는 전통식품 제조원, 조리사, 주방장 등으로서 일한다.

⑤ 식품조리과

식품조리는 생활양식, 소비자의 요구(입맛), 사회 수준, 유행에 따라 끊임없이 변화하고 있다. 식품조리과에서는 이 변화에 발맞춰 조리, 외식산업, 식품 산업 전반에 대해 배운다. 졸업 후에는 식품공학 기술자, 영양사, 전통식품 제조원, 제과사, 제빵사, 조리사, 주방장, 바텐더, 푸드스타일리스트, 학원 강사로 활동한다.

⑥ 호텔외식경영과

호텔외식경영과는 차별화된 전문가를 꿈꾸는 이들에게 어울리는 학과이다. 이 학과에서는 객실, 레스토랑, 연회장에서 필요한 업무와 식음료 준비 사항 등의 실무적 감각을 익히게 된다. 중견 관리자가 되고 싶다면 외국어 능력을 키우는 것이 좋다. 졸업 후에는 호텔종사자, 호텔지배인으로 일한다.

셰프가 되는 길
③자격증

조리사 및 주방장 관련 자격증[●]으로는 한식조리기능사, 양식조리기능사, 중식조리기능사, 일식조리기능사, 복어조리기능사 등이 있다. 그중에서 대표적으로 '양식조리기능사'의 자격시험 정보에 대해 알아보자.

양식조리기능사 자격증

(1) 취득 방법

① 시행처: 한국산업인력공단

② 시험 과목

● 참고: 진로정보망 '커리어넷'

- 필기: 양식 재료관리, 음식조리, 위생관리
- 실기: 양식조리실무

③ 검정 방법

- 필기: 객관식 4지 택일형, 60문항(60분)
- 실기: 작업형(70분 정도)

④ 합격 기준: 100점 만점에 60점 이상

(2) 출제 기준(필기)

한국산업인력공단에서 운영하는 큐넷(www.q-net.or.kr)에 양식조리기능사 출제 기준이 자세히 설명되어 있다.

① 직무 분야: 음식 서비스

② 중직무 분야: 조리

③ 자격 종목: 양식조리기능사

④ 적용 기간: 2020년 1월 1일~2022년 12월 31일

⑤ 직무 내용: 양식 메뉴 계획에 따라 식재료를 선정, 구매, 검수, 보관 및 저장하며 맛과 영양을 고려하여 안전하고 위생적으로 음식을 조리하고 조리기구와 시설관리를 수행하는 직무이다.

⑥ 시험 방법: 객관식

⑦ 문제 수: 60개

⑧ 시험 시간: 1시간

(3) 출제 기준(실기)

① 직무 분야: 음식 서비스

② 중직무 분야: 조리

③ 자격 종목: 양식조리기능사

④ 적용 기간: 2020년 1월 1일~2022년 12월 31일

⑤ 직무 내용: 양식 메뉴 계획에 따라 식재료를 선정, 구매, 검수, 보관 및 저장하며 맛과 영양을 고려하여 안전하고 위생적으로 음식을 조리하고 조리기구와 시설관리를 수행하는 직무이다.

⑥ 수행 준거

가. 음식 조리 작업에 필요한 위생 관련 지식을 이해하고, 주방의 청결 상태와 개인 위생·식품위생을 관리하여 전반적인 조리 작업을 위생적으로 수행할 수 있다.

나. 주방에서 일어날 수 있는 사고와 재해에 대하여 안전 기준 확인, 안전수칙 준수, 안전예방 활동을 할 수 있다.

다. 기본적인 칼 기술, 주방에서 업무 수행에 필요한 조리 기본 기능, 기본 조리 방법을 습득하고 활용할 수 있다.

라. 육류, 어패류, 채소류 등을 활용하여 양식 조리에 사용되는 육수를 조리할 수 있다.

마. 식욕을 돋우기 위한 요리로 육류, 어패류, 채소류 등을 활용하여 곁들여지는 소스 등을 조리할 수 있다.

바. 각종 샌드위치를 조리할 수 있다.

사. 어패류 · 육류 · 채소류 · 유제품류 · 가공식품류를 활용하여 단순 샐러드와 복합 샐러드, 각종 드레싱류를 조리할 수 있다.

아. 어패류 · 육류 · 채소류 · 유제품류 · 가공식품류를 활용하여 조식 등에 사용되는 각종 조식 요리를 조리할 수 있다.

(4) 기타

① 시험 수수료: 필기-14,500원, 실기-29,600원

② 출제 경향: 요구 사항의 내용과 지급된 재료로 정해진 시간 내에 조리해내는 능력을 평가함.

③ 주요 평가 내용: 위생 상태 및 안전관리, 조리 기술(재료 손질, 기구 취급, 조리하기, 작품의 평가, 정리정돈 등)

영화 속 셰프와 요리

● 줄리&줄리아(Julie & Julia)

"요리가 인생을 맛있게 변화시킨다!"

평범한 삶을 살던 줄리는 인생을 바꿀 중대한 결심을 한다. 바로 요리 블로그를 운영하는 것이다. 줄리는 요리를 곧잘 할 줄 알지만, 전문가가 아니다 보니 뭔가 새로운 아이디어가 필요했다. 줄리는 줄리아 차일드의 요리책에서 그 답을 찾는다. 프랑스 요리 전문가 줄리아 차일드의 책에 쓰여 있는 조리법 524개를 따라 하면, 좋은 결실을 얻으리란 확신이 생겼다. 그렇게 줄리는 남편의 도움으로 1년 동안 조리법 524개를 따라하는 요리 프로젝트를 시작한다.

이 영화에는 두 명의 여성 이야기가 나온다. 현재를 사는 주인공 줄리와 과거를 사는 줄리아 차일드이다. 영화는 평범한 두 여인이 요리의 매력을 알게 되면서, 인생이 즐겁게 변화되는 모습을 보여준다. 공무원이었던 줄리는 유명 블로거가 되고, 가정주부였던 줄리아 차일드는 르꼬르동블루(요리학교)에 입학하면서 전설적인 인물이 된다.

▶ 요리 검색해보기: 홀란 데이즈 소스, 수란, 크림소스 치킨 스테이크, 비프 부르기뇽

* 홀란 데이즈 소스: 달걀노른자, 버터, 레몬주스, 식초를 데우며 만드는 소스
* 비프 부르기뇽(boeuf bourguignon): 프랑스 부르고뉴식 소고기 요리이다. 우리나라의 갈비찜과 비슷하며, 적포도주를 이용해 만든다.

● 아메리칸 셰프(Chef)

"일만 좇던 셰프가 진정한 행복을 깨닫는다!"

〈아메리칸 셰프〉는 일류 레스토랑의 셰프 칼 캐스퍼의 이야기이다. 칼 캐스퍼는 유명한 음식 평론가의 방문을 앞두고 새로운 메뉴를 선보일 결심을 한다. 그러나 레스토랑

의 고지식한 사장은 칼 캐스퍼에게서 메뉴 결정권을 빼앗는다. 칼 캐스퍼는 어쩔 수 없이 평론가에게 평소 메뉴를 대접하고 만다. 그리고 기대와 달리 돌아온 건 평론가의 혹평이었다.

트위터로 이어지는 잔혹한 평가에 화가 머리끝까지 난 칼 캐스퍼는 욕설로 답해버린다. 트위터에 익숙하지 않았던 칼 캐스퍼가 문제의 심각성을 몰랐던 것이다. 욕설로 인한 문제가 커지자 그는 레스토랑을 그만두고 푸드 트럭을 운영하게 된다. 쿠바 샌드위치를 대표 메뉴로 한 푸드 트럭은 아들의 트위터 홍보로 날로 유명해진다. 칼 캐스퍼는 푸드 트럭을 하며 아들의 소중함을 깨닫는다.

> ▶ 요리 검색해보기: 그릴드 치즈 샌드위치, 알리오 올리오(파스
>   타), 쿠바 샌드위치

● 엘리제궁의 요리사(Les Saveurs du palais)
"깜짝 놀랄 만한 프랑스 가정식"

프랑스 지방 페리고르에서 송로버섯 농장을 운영하던 라보리는 특별한 부탁을 받는다. 그것은 다름 아닌 대통령의 개인 셰프가 되어 달라는 것이었다. 라보리는 엘리제궁의

유일한 여성 셰프가 되기로 하고 엘리제궁으로 향한다.

누구보다 화려할 것만 같았던 프랑스 대통령은 따뜻한 온기를 풍기는 가정식 요리를 먹고 싶어 했다. 솜씨 좋은 라보리는 대통령의 입맛과 마음을 사로잡을 비장의 요리를 차례대로 선보인다. 그러나 라보리는 실력을 발휘하면 할수록 엘리제궁 전담 셰프의 시기와 질투를 한 몸에 받는다. 라보리는 딱딱하고 권위적인 엘리제궁의 분위기에 점점 힘들어한다. 어느 날, 대통령은 주방으로 찾아와 송로 버섯 요리를 먹으며 지친 라보리에게 위로의 말을 전한다.

이 영화는 프랑스의 미테랑 전 대통령의 개인 셰프였던 '다니엘레 델푀'의 실화에서 영감을 얻어서 만들었다.

▶ 요리 검색해보기: 양배추 연어 오모니에르

* 오모니에르(aumônière)는 프랑스 말로 돈주머니를 뜻한다.
  양배추 잎을 넓게 펴서 연어, 버섯, 양파 등을 넣고 찌면 먹음
  직스러운 오모니에르가 된다.

● 더 셰프(Burnt)
"미슐랭 최고 평점을 얻으려는 셰프들의 도전"

완벽주의자에다 괴팍한 성격을 지닌 아담이라는 셰프가 약물중독에 빠졌다가 재기를 꿈꾼다는 내용의 영화이다. 이미 미슐랭 2스타였던 아담은 미슐랭 3스타를 거머쥐기 위해 각 분야 최고의 셰프들을 영입한다. 셰프들은 주방에서 한마음으로 요리를 한다.

▶ 요리 검색해보기: 수비드 기법으로 고기 익히고, 시어링 하기

* 수비드(sous-vide): 밀폐된 비닐봉지에 음식물을 넣고 미지근한 물속에서 오랫동안 데우는 조리법이다.

* 시어링(searing): 태우다, 그을린다는 뜻이다. 강한 불로 재료의 겉면을 굽거나 지지는 방법이다. 겉면이 진한 갈색이 되며, 과자처럼 바삭하게 구워지는 게 특징이다.

● 로맨틱 레시피(The Hundred-Foot Journey)
"인도 요리와 프랑스 요리의 대결과 화합"

프랑스의 한 마을에 어느 날 갑자기 인도 식당이 생긴다. 맞은편에서 영업하던 프랑스 식당의 주인 말로리 부인은

형편없는 인도 식당이라며 무시를 하고, 인도인 가족이 호객행위를 하며 손님을 빼앗아간다며 화를 낸다. 화가 난 말로리 부인과 도발하는 인도인 가족의 불꽃 튀는 요리 전쟁이 벌어진다. 그 과정에서 서로의 요리에 대한 열정과 사랑을 발견하게 된다는 내용이다. 천재 요리사 하산이 요리하는 장면은 영화를 보는 즐거움을 더한다.

▶요리 검색해보기: 오믈렛

3장
셰프로서 살아간다는 것

셰프가
좋은 점

셰프는 누구나 도전할 수 있는 직업이다. 넓은 의미로 길거리에서 떡볶이를 파는 사람도, 식당을 운영하는 사람도 모두 셰프이다.

셰프는 누구나 선택할 수 있는 직업이다. 남녀노소, 학생이든 백수든, 어떤 직업을 갖고 있었든지 셰프의 세계로 진입할 수 있다. 축구선수, 의사, 기자, 역사학자, 출판사 직원, 학생 등 다양한 이력을 지닌 사람들도 셰프가 되어 요리를 하고 있다. 셰프라고 해서 모두 정식 교육 코스만 밟는 것은 아니다. 자, 다양한 사람들이 셰프라는 꿈을 이뤄가는 과정을 살펴보고, 그 가운데에서 이 직업의 장점을 찾아보자.

어린 나이에 식당을 개업했다고?

혹시 셰프계의 저스틴 비버로 불리는 '플린 맥개리(Flynn McGarry)'를 알고 있는가? 플린 맥개리는 16세에 뉴욕에서 식당을 개업한 화제의 인물이다. 어느 날 요리 동영상을 보고 문득 '나도 요리를 할 수 있지 않을까?'라고 생각했고, 11세 때부터 요리 영재로 이름을 날렸다. 어머니의 음식 솜씨가 형편없었던 것도 그가 요리에 호기심을 갖게 된 여러 이유 중에 하나였던 것 같다. 그는 두꺼운 프랑스 요리책을 사서 그대로 따라 했고, 부모는 아들의 요리 솜씨에 감탄하며 지원을 아끼지 않았다고 한다. 그렇게 셰프 플린 맥개리의 역사가 시작되었다.

플린 맥개리가 식당 개업으로 모두에게 찬사를 받은 것은 아니었다. 밑바닥부터 차근차근 쌓은 경험이 부족한 어린 셰프를 비난하는 목소리도 있었다. 요리 천재를 향한 질투의 목소리도 있었다. 그가 어린 나이에 식당을 개업한 일이 훗날 어떻게 평가될지는 모르지만, 이 책에 그를 소개한 이유는 한 가지뿐이다.

능력만 있다면 어린 나이에도 셰프가 될 수 있다는 사실이다. 지금 이 시간에도 제2, 제3의 플린 맥개리가 자기만의 요리를 개발하며 부지런히 연습하고 있을지 모른다!

멘토와 스승을 찾아서

인생의 목적을 찾고 싶을 때 사람들은 자신이 존경하는 사람에게 배우기를 원한다. 앞에서 요리사를 꿈꾸는 사람들에게 셰프나 레스토랑을 찾아가보라고 권했다. 이것은 청소년뿐 아니라 성인이 된 요리사에게도 해당되는 조언이다. 뛰어난 요리사로 성장하려면 자신을 이끌어줄 능력 있는 선배를 만나야 한다. 그들은 좋은 멘토이자 스승의 역할을 한다.

꿈을 향해 걸어가는 사람은 궁금한 것이 많다. 진짜 요리의 세계는 어떤 건지, 자신에게 부족한 것은 무엇인지, 이 재료에 맞는 조리 방식은 무엇인지⋯ 해답을 찾기 위한 간절한 노력은 셰프라는 꿈으로 가까이 가도록 도와준다. 그 험난한 길에서 좋은 멘토와 스승을 만나는 것은 큰 행운이 아닐 수 없다.

훗날 우리도 누군가에게 도움이 되는 사람이 될 수 있다. 어설프던 입문자도 언젠가는 같은 꿈을 꾸는 사람들의 멘토가 된다. 지금 여러분의 모습에 실망할 필요는 없다. 꿈을 갖고 노력하다 보면 언젠가는 세상이 인정하는 셰프로 우뚝 서 있을 것이다. 꿈을 최대한 크게 갖고 앞으로 달려가자!

멘토나 스승을 직접 만날 수 없다면 동영상으로도 가능

하다. '요리계의 교황' 폴 보퀴즈, 정크푸드 대신 건강한 요리로 알려진 제이미 올리버 등을 보며 그들의 열정과 노력을 배워 보자. 셰프가 되고 싶은데 그 꿈을 어떻게 이뤄야 할지 모르겠다면, 좋아하는 셰프의 삶과 열정을 배우는 것도 좋은 방법이다.

스타 셰프

순식간에 끝나는 칼질, 요리라기보다는 묘기에 가까운 손놀림, 짧은 시간 내에 음식을 완벽하게 세팅하는 능숙함, 위기를 잘 넘기는 순발력, 음식의 맛을 보고 엄지를 치켜세우는 모습 등은 방송을 통해 자주 보았을 것이다. 아마 청소년 여러분이 셰프에 관심을 갖게 된 가장 큰 요인이 아닐까 싶다.

먹방과 쿡방이 대세를 이루는 요즘, 그 주인공은 단연 스타 셰프다. 스타 셰프는 수십 년 동안 탄탄히 갈고닦아온 실력으로 무장된 고수들이다. 유학을 다녀왔든 순수 국내파든 각자 지나온 길은 달라도 남다른 기운을 뿜내며 성장한 사람들이다.

그들은 유명한 만큼 질투와 시기를 받기도 한다. 어느 날 갑자기 혜성처럼 나타나 방송과 광고를 꿰차며 마치 연예인처럼 활동하는 모습에 질투를 하는 것은 인간의 자연스러운 마음이다. 그러나 그들에게 주어진 돈, 명예, 인기는 거저 얻어진 결과가 아니다. 수십 년간 남모르게 흘린 피와 땀, 눈물이 만들어낸 결실이다.

에드워드 권, 백종원, 강레오, 최현석, 오세득, 샘킴, 이연복, 이원일 등의 스타 셰프는 요리를 잘 모르는 일반인도 잘 아는 유명인이다. 그들의 영향력은 대중들의 지갑을 열게 할 만큼 막강하다.

스타 셰프의 모습은 롤모델로 삼고 싶을 만큼 매력적이다. 그들 때문에 여러 교육기관에서 셰프를 양성하는 학과를 폭발적으로 늘렸을 정도이다. 여러분도 스타 셰프가 되고 싶을 것이다. 그렇다면 생각을 바꿔야 한다. 바늘구멍처럼 좁은 길을 통과하려면 발상의 전환이 필요하다. 평범한 요리사로는 어림도 없다. 특별해지고 싶다면 요리에 대한 발상을 신선하게 바꿔야 한다. 여기 차별화된 요리로 유명해진 셰프들의 이야기를 들어보자.

차별화된 요리로 승부한다!

정관 스님과 페란 아드리아(Ferran Adria)의 이야기를 들어보며 장차 어떤 요리사가 되면 좋을지 생각해보는 시간을 가졌으면 좋겠다.

① 정관 스님

"사찰음식의 대가로 이름을 알리다"

사찰음식은 전 세계 어디에도 없는 독특한 음식이다. 〈뉴욕타임스〉는 사찰음식을 세계에서 가장 고귀한 음식이라 평가했다. 한국 사람인 우리도 사찰음식에 대해 잘 알지 못하는데, 외국인들의 열광이 신기하기까지 하다.

발효음식과 채식에 관심이 많은 외국인들은 정관 스님을 보러 한국에 방문하기도 한다. 직접 오지 못하는 사람들은 다큐멘터리 〈셰프의 테이블〉에서 스님을 만나고 있다.

정관 스님은 1600년의 역사를 지닌 사찰음식을 알리는 데 앞장선 사람이다. "스님이 셰프라고요?" 그렇다! 정관 스님은 백양사 천진암 주지로 〈셰프의 테이블〉에 출연한 뒤 세계적인 셰프가 되었다. 다이어트와 채식, 건강식이 필수인 이 시대에 사찰음식은 소박하지만 건강한 식단이다. 건강하면서도 아름답고, 고품격의 맛을 자랑하는 사찰음식을 세계에 알린 정관 스님은 이 시대의 진정한 셰프라 불릴만 하다.

② 페란 아드리아

'분자요리의 대가' 또는 '미식 혁명가'

요리를 정식으로 공부한 적이 없는 셰프들도 꽤 많이 있다. 페란 아드리아도 그런 사람 중에 하나이다. 언론에 알려진 바로는 어린 시절 돈을 벌기 위해 호텔 설거지를 하고, 취사병으로 군 복무를 한 게 요리에 대한 경험의 전부였다. 페란 아드리아는 당시 최고의 셰프였던 작크 막시맹의 강의를 듣고, 그의 말을 가슴에 깊이 새겼다. "창의성이란 베끼지 않는 것이다." 이 말은 잠자고 있던 그의 잠재력을 깨우는 계기가 되었다고 한다.

그 후 그는 레스토랑 '엘 불리'를 열고 세상에 이름을 떨치기 시작했다. 그의 음식을 먹으려면 돈이 아무리 많은 사람이라도 평균 5시간은 줄을 서서 기다려야 했다. 여느 식당과 다른 독특한 운영 방식에도 불구하고 '엘 불리'를 사랑하는 사람들은 날로 늘어갔다. '엘 불리'는 하루 50명의 손님만 받았다. 또 손님이 메뉴판에서 음식을 고르는 것이 아니고 셰프가 주는 대로 먹어야 했다. 그뿐인가! 1년 중 6개월만 영업하고, 나머지 6개월은 요리 연구를 위해 문을 닫았다.

지금은 전 세계 경제 여파로 문을 닫았지만, 비영리 연구센터로 운영되며 요리 연구를 계속하고 있다. '분자요리(식재료의 분자 특성을 연구해 만든 요리)의 대가'이자 '미식 혁명가'로 유명한 페란 아드리아의 다음 요리가 궁금해진다.

셰프가
힘들 때

우리 주변에는 인기 있는 상위 1% 스타 셰프도 있고, 있는 듯 없는 듯 자기 자리에서 묵묵히 일하는 셰프도 있다. 그런데 이 둘을 두루 갖춘 셰프가 있다. 중식을 요리하는 이연복 셰프이다. 그는 각종 요리 예능 프로그램에 출연해 최고의 인기를 누리고 있다. 이 인기는 갑자기 얻은 행운이 아니다. 오랫동안 고생하며 자기 실력을 갈고닦은 결과이다.

요리사라는 직업은 평균 연봉도 낮은 편이고 일하는 환경도 열악하다. 이런 상황에도 불구하고, 많은 요리사들이 인내하며 그 길을 가고 있다. 그런 요리사들 중에 이연복 셰프의 실력과 본보기가 되는 태도가 한 방송 프로그램에서 여실히 드러났다.

　해외에 나가 푸드트럭을 운영하는 프로그램이었는데, 그는 나이 어린 연예인들과 일하는데도 얼굴 한번 찡그리지 않고 음식을 만들었다. 연예인 출연자들이 주방 경험이 부족해 큰 도움이 안 되는 상황에서도 잔소리 대신 동에 번쩍 서에 번쩍 일을 해치웠다. 이연복 셰프를 보면 그의 이름 앞에 '스타'가 붙는 것이 당연해 보인다. 사람들을 대하는 겸손한 태도나 요리에 쏟는 기술, 열정, 노력이 진심으로 느껴진다.

　스타 셰프가 방송에 나와 돈과 인기를 얻으면 비판의 목소리가 나오기도 한다. 요리사가 주방에서 음식을 만들어야지, 왜 텔레비전에 나오느냐는 식이다. 또 현실과 다른 환경에 씁쓸해하는 셰프들도 있을 것이다. 하지만 "요리사를 바라보는 대중의 시선이 달라졌고, 언젠가 힘든 요리사의 삶도 차츰 변할 것이다."라는 어느 셰프의 말이 의미 심장하게 들린다.

스타 셰프의 스트레스

　2018년 6월 8일 충격적인 소식이 들려왔다. 미국 유명 셰프인 앤서니 부르댕이 극단적인 선택을 하여 사망했다. 앤서니 부르댕은 오바마(미국 전 대통령)와 함께 베트남 음식을 먹는 모습으로 알려진 인물이기도 하다. 그는 뉴욕에서 미슐랭 별 2개짜리 레스토랑에서 일했고, 한국 음식의 팬이기도 했다. 밝은 표정으로 요리를 하던 그의 모습이 생각나 더 안타깝다.

사람들은 인기, 돈, 명예, 권력이 있으면 걱정 근심이 없을 거라고 생각한다. 그런 이유로 대기업 사장이나 고액 연봉자, 톱스타를 부러워하기도 한다. 하지만 정말 그럴까? 어떤 대기업 사장은 치유되지 못하는 유전병으로 고통을 받고, 평생 권력을 누릴 것 같았던 리더나 부자들은 감옥에 갇히기도 한다. 한때 톱스타였던 아이돌도 인기가 사라지면 심한 우울감에 빠지기도 한다.

스타 셰프들은 무엇 때문에 스트레스를 받을까?

- 미슐랭 별을 받은 레스토랑은 평점을 유지해야 한다는 압박감이 있다.

- 레스토랑을 경영하기 위해 신경을 많이 쓴다. 수익이 조금이라도 떨어지면 걱정이 앞선다.

- 요리만 알고 경영을 잘 모르는 셰프는 사기를 당하기도 한다.

- 음식 평론가나 까다로운 손님의 불평불만에 때로 참기 힘들다.

- 스트레스나 걱정 등을 남에게 토로하지 못한다.

- 매일 반복되는 일과 긴장감에 지쳐 몸과 마음이 우울하다.
- 레시피 개발에 한계를 느낀다.
- 쉬지 못해 짜증이 나고 항상 피곤하다.

셰프는 늘 다른 사람을 위해 음식을 만드는 직업이다. 나 자신이 원하는 것보다는 세상의 트렌드와 사람들이 좋아할 만한 음식과 맛을 찾아야 한다. 다른 사람들이 쉬는 시간에도 쉬지 못할 때가 더 많다. 일을 하며 느끼는 긴장감과 남모르는 아픔에 눈물도 흘린다. 문제는 스트레스를 쌓아놓고 풀지 않으면 해결되는 것이 아무것도 없다는 사실이다. 스타 셰프는 영광스럽고 누구나 이루고 싶은 꿈이지만, 그것에 앞서 자신을 돌보는 일에 먼저 스타가 되어야 한다. 무슨 일을 하든 마찬가지이다. 내 마음이 행복하지 못하면 일확천금 앞에서도 무너질 수 있다.

환상과 현실의 괴리

조리학과를 졸업하는 학생들은 스타 셰프를 꿈꾸지만, 현실은 만만하지 않다. 사회 초년생들은 사회에 진출하면 기성세대가 만들어 놓은 틀 안에 들어가는 경험을 하게 된다. 예를 들면, 주방은 군대 문화와 비교될 만큼 꽉 잡힌 위계질서로 유명하다. 외국의 주방 상황도 마찬가지라고 한다. 셰프나 선배 요리사의 말은 곧 법이다. 초보 조리사는 종일 긴장된 마음으로 일하게 된다. 모르는 것투성이인데 해야 할 일은 많고, 잘하려고 해도 지적을 받기 일쑤이다. 잔뜩 기가 죽어서 일하는 게 좋은 사람은 없겠지만, 요리사가 되려면 무엇보다 인내하는 마음이 중요하다.

이 사실을 알면서도 막상 문제에 부딪히면 '이게 아닌데…' 하는 마음이 든다. 환상과 현실의 괴리도 느낄 것이다. 방송에서 보는 스타 셰프의 모습은 화려한데, 자신은 고작 청소나 심부름을 하고 있다면 무슨 생각이 들까? 이때 선택은 각자의 몫이다.

셰프는 극한 직업?

셰프는 노동 시간이 긴 편이다. 새벽 일찍 출근해서 장을 보고, 점심과 저녁을 준비하고, 청소까지 마치면 밤늦은 시간에 퇴근하기 일쑤다. 제대로 된 휴일도 없이 일하는 직업이다. 휴식 시간이 적다 보니 건강을 관리할 시간은 부족하고, 가족이나 친구들과 어울리는 시간도 적을 수밖에 없다. 뒤따라오는 것은 당연히 만성피로와 체력 저하다. 일로 인한 스트레스도 쌓인다.

일터인 주방 환경이 주는 위협도 무시하지 못한다. 우선 일이 몰아치는 주방은 편안함과는 거리가 먼 곳이다. 오직 음식을 조리하기 쉽게 설계된 장소라 쉴 수 있는 여건이 전혀 안 된다.

주방에는 음식을 익히는 불이 항상 켜져 있다. 환기가 잘 되지 않으면 불이나 탄 음식이 내뿜는 그을음을 항상 흡입하게 된다. 그을음에는 폐에 염증을 일으키는 화학물질이 들어 있고, 자칫하면 암을 유발하기도 한다. 더불어 화상의 위험도 크다. 주방용 칼에 베이는 사고는 비일비재하다. 물과 기름에 노출되어 있는 바닥 때문에 미끄러지는 등 큰 부상을 당하기도 한다.

그 밖에도 무거운 조리 도구와 재료를 수시로 들어서 관절이 손상되고 약해져 다치기 쉽다.

셰프 스케줄
따라잡기

리처드 패리나(Richard Farina)는 모토 레스토랑에서 총괄 셰프로 일하는데, 그의 하루 일상을 찍은 영상이 유튜브에 올라와 있다. 아침부터 자정까지 이어지는 바쁜 그의 일상을 지금부터 따라가보자.

*유튜브 영상: 모토 셰프 리처드 패리나 인생의 하루(A Day in the Life of moto Chef Richard Farina)

<오전>

7시 30분: 기상. 애완 고양이와 함께 아침을 맞이한다.

8시: TV 뉴스 시청. 멍한 정신을 천천히 깨운다.

9시 14분: 집에서 나선다. 자전거를 타고 근무지로 향한다.

9시 40분: 모토 레스토랑에 도착한다. 사무실에 들어가 셰프 복장과 앞치마를 착용한다. 11시 전까지 총괄 셰프로서 해야 할 일을 점검한다.

11시 16분: 저녁 식사 주메뉴인 코스 요리 샘플을 만든다.

*식자재 준비

훈연 연어(Smoked salmon), 훈연 송어(Smoked trout), 함초 (혹은 퉁퉁마디, Sea beans), 골파(Chives), 철갑상어알(Caviar), 베이글 거품(Bagel foam), 크림치즈(Cream cheese), 유지 (Cream), 감자 마카롱(Potato macaroon), 미니 베이글에 들어갈 곡류 섞기(Everything bagel mix)

*코스 요리 샘플 만들기

① 크림 주머니를 이용해 미니 베이글을 만든다.

② 오븐에 굽는다.

③ 스테인리스 통에 얼음을 담고, 그 위에 작은 유리그릇과 유리그릇을 고정할 틀을 놓는다. 유리그릇에 철갑상어알을 담는다.

④ 오목한 그릇에 감자 미니 마카롱, 크림색 소스, 미니 베이글을 넣는다. 베이글 속에도 크림을 넣는다.

⑤ 작고 긴 수조에 까만 돌멩이를 어느 정도 채우고 물도 넣는다. 그리고 돌멩이 사이로 해초 분위기를 내는 함초를 꽂는다. 그 옆에 훈연 연어, 훈연 송어를 보기 좋게 장식한다.

⑥ 수조 윗부분을 랩으로 잘 막고, 마지막 작업으로 드라이아이스를 채운다. 수조 안은 안개가 낀 듯 신비로운 분위기가 연출된다.

\<오후\>

2시 50분: 생고기를 칼로 먹기 좋게 잘라 통에 담는다.

– 잠시 짬이 나서 싸이의 〈강남 스타일〉로 춤을 추며 스트레스를 날린다.

– 스테인리스 작업대에 거품을 내고, 깨끗이 닦는다.

\<쇼 타임\>

단체 손님을 맞기 전 전체 회의를 한다. 조리사, 사무직원, 서빙 담당까지 모두 모인다.

4시 59분: 주방에 긴장감이 돈다. 단체 손님 맞을 준비를 한다.

코스 요리에 들어갈 갖가지 그릇이 주방에 쌓여 있다. 총괄 셰프는 다른 요리사에게 지시사항을 전달한다. 총괄 셰프는 '인이어 마이크'를 얼굴에 고정한다. 주방에 연결된 텔레비전 화면으로 홀에 있는 직원들과 소통한다.

손님이 도착할 시간이 되면 주방 안은 점점 분주해진다. 소스를 끓이고 음식 그릇을 오븐에 예열한다. 예열이 끝나면 그릇을 오븐에서 꺼내서 작업대에 쭉 늘어놓는다. 단체 손님의 인원에 맞춰 그릇에 음식을 담기 시작한다. 보조 요리사가 음식을 다 담으면, 셰프 리처드가 마지막 작업을 한다. 그리고 직접 접시를 들고 홀로 나간다. 계단을 힘차게 뛰어오른다.

8시 7분: 메인 코스 요리 그릇이 빼곡히 작업대에 놓인다. '강(The river)' 코스가 손님들 식탁 위에 본격적으로 올라갈 시간이다. 오전에 샘플로 만들어본 베이글, 감자 마카롱 등이 제대로 완성되어 그릇에 담긴다. 총괄 셰프와 서빙 직원들 모두 함께 그릇을 나른다.

총괄 셰프는 주방으로 돌아와서 검은색 접시에 크림과 마지막 음식을 담는다. 손님들 식사가 마무리될 때쯤 총괄 셰프가 나가서 음식에 대해 직접 설명을 한다.

<영업 종료>
총괄 셰프가 싱크대에서 식기를 세척한다. 쌓인 그릇을

식기 세척기에 넣고 돌린다. 작업대에 놓인 코코넛 껍질 등 쓰레기를 정리한다.

11시 17분: 요리사들이 모두 모여 주방 대청소를 시작한다. 바닥과 작업대에 거품을 문지르고 깨끗이 닦는다. 헝겊을 이용해 스테인리스 작업대를 반짝반짝 윤이 나도록 닦는다.

12시 22분: 헬스장 도착. 운동 기기로 몸을 단련한다.

1시 33분: 집에 도착한다. 침대에 누워 달콤한 잠에 빠져든다.

파트 요리사의 일상

파트 요리사(Line cook)의 일상은 어떨까? 파트 요리사는 일정 기간 수련한 뒤 하나의 역할을 맡는 요리사를 뜻한다. 유튜브 영상 '비스트로의 하루'(A day in the life of a bistro)를 보면 한층 더 이해가 빠를 것이다. 파트 요리사는 도마와 칼만 있으면 무엇이든지 해낼 것처럼 보인다. 종일 채소나 소고기 등을 썰고 다지는데 지치는 기색 하나 없다.

① 영업 전, 파트 요리사가 하는 일

－ 단으로 묶인 아스파라거스 껍질을 하나하나 벗기고, 통에 담는다.

- 양파와 쪽파를 채 썬다.
- 연어 한 덩어리를 일정한 크기로 자르고 통에 담는다.
- 큰 참치 두 덩이를 일정한 크기로 자르고 통에 담는다.
- 아스파라거스를 뜨거운 물에 데친 후 소금 간을 한다.
- 감자 껍질을 깎고 채칼에 문질러 채를 친다.
- 프라이팬에 양파와 감자를 볶는다.
- 소고기를 스테이크용 크기로 잘라 통에 담는다.
- 돼지고기의 물기를 빼고 먹기 좋게 자른다.
- 토마토를 채 썬다. 그 밖에 각종 필요한 채소를 썬다.
- 빈 소스 통을 채워 넣는다.

② 영업 후, 파트 요리사가 하는 일

식당 영업이 시작된다. 서빙 직원이 와인 잔을 헝겊으로 닦는다. 테이블을 정리하고, 자리에 놓을 향초에 불을 붙인다. 손님이 식당에 입장하면, 파트 요리사는 요리를 만들기 시작한다.

- 크림을 기계로 섞는다.
- 통 버터를 크기 별로 자른다.
- 볶음밥에 얹을 고기는 굽고 양송이버섯은 볶는다.
- 주문한 요리를 접시에 담는다. 고기, 해산물, 치즈, 채

소가 접시마다 보기 좋게 올라간다.

- 식당 영업이 종료되면, 작업대에 올라온 남은 식자재와 소스 통을 정리한다.

다른 요리사들의 하루가 궁금하다면

① 유튜브 채널: Yumchef얌셰프

호주에 사는 요리사이다. 조식을 요리하기 위해 출근하는 모습과 식자재 손질과 조리, 배달 재료 확인, 스크램블에그와 수란 등을 만드는 모습을 볼 수 있다.

② 유튜브 채널: 예쉐프

호텔 뷔페 레스토랑의 일식 파트 요리사다. 출근하자마자 칼을 쓴다. 가니쉬로 쓸 레몬을 자르고 참치와 농어, 연어를 거침없이 자르고, 초밥 짓는 모습을 볼 수 있다.

③ 유튜브 채널: Roomtube름튜브

파티시에의 하루가 궁금하다면 'Roomtube름튜브' 영상을 추천한다. 이 영상을 보면 그들에 대한 존경심이 절로생길 것이다. 하루 종일 빵과 과자를 굽는 모습을 보고 나면 그것들을 먹을 때 마음가짐이 좀 달라질 정도이다.

셰프 Q&A,
그것이 알고 싶다!

Q. 요리사의 직급이 궁금해요!

A. 직급 순서는 세분화되어 있지만, 크게 보면 다음과 같이 나뉜다.

총주방장(Executive chef) → 주방장(Chef de cuisine) → 부주방장(Sous chef) → 수석 조리장(Chef de partie) → 꼬미(Commis)

① 총주방장: 호텔과 큰 레스토랑에 있는 최상위 직급이다. 레스토랑 규모에 따라 주방장(chef de cuisine)이 총주방장의 역할을 맡는다. 행정, 주방, 홀, 메뉴 등 전체적인 관리를 맡으며, 직접 요리하는 경우는 드물다.

② 주방장: 위에서 언급한 총주방장 역할이 곧 주방장 역

할이기도 하다.

③ 부주방장: 수 셰프로 불린다. 주방장의 조수로 주방장이 자리를 비웠을 때 주방 대표직을 맡아 수행한다.

④ 수석 조리장: 한 부서의 조리장이다. 시니어 쿡(Senior cooks), 파트 요리사(Line cooks)가 여기에 속한다. 그릴에 고기를 굽거나, 기름에 튀기는 요리, 생선 요리 등을 담당한다.

⑤ 꼬미: 견습생이다. 꼬미는 주로 수석 조리장 밑에서 일을 배운다. 각 파트에 필요한 일을 한 가지씩 맡는다. 요리사 인생에서 가장 고생스럽고 힘든 시기라고 할 수 있다.

요리사는 연륜에 따라 직급 호칭이 구별되어 불리기도 한다. 예를 들어 부주방장(Sous chef)이 두 명 이상 있을 때는 시니어 수 셰프(Senior sous chef)와 주니어 수 셰프(Junior sous chef)로 부른다.

Q. 〈미슐랭 가이드〉란 무엇인가요?

A. 〈미슐랭 가이드〉는 원래 여행 정보 안내서에서 출발했다. 도로, 타이어, 주유소 등의 주요 정보를 담은 평범한 책이었다. 처음에는 식당을 소개하는 내용이 많지 않았다. 그런데 식당을 소개하는 내용을 본 운전자들이 관심을 보

이기 시작했다. 이것에 힘입어 유료로 판매하며 명성을 얻게 되었다. 〈미슐랭 가이드〉는 '미식 업계의 성서'로 각광받고 있다. 음식이 훌륭하고 개성 있으며 창의적인 요리로 입소문이 난 곳에 미슐랭의 별(등급을 표시)이 제공되는데, 이 등급은 손님과 셰프, 레스토랑에 큰 영향력을 행사한다. 손님들에게 신뢰할 만한 평가 기준을 제시하기 때문이다. 이것을 '미슐랭 스타'라고 부른다. 〈미슐랭 가이드〉에서 보낸 심사위원이 극비로 레스토랑에 방문해 심사를 하는데, 선정 기준은 정확히 알려져 있지 않다.

그러나 〈미슐랭 가이드〉에 관한 부정적인 평가도 있다. 맛을 서열화하고, 맛을 평가하는 기준과 선정 기준이 모호하며, 미슐랭의 별을 받은 국가와 식당이 편중되어 있다는 의견도 있다.

미슐랭 별을 받은 레스토랑은 그 상태를 계속 유지하기 위해 피나는 노력을 한다. 미슐랭 별에서 제외되면 명성에 큰 타격을 입는다고 생각한다. 실제로 이 별 때문에 셰프들이 상당한 스트레스를 받기도 한다.

Q. 셰프가 되려면 요리만 잘하면 될까요?

A. 요리 실력은 셰프에게 기본 중의 기본이다. 요리 실력은 기본이라는 전제하에 다음 물음에도 답해보자.

① 주로 요리 분야 책을 읽는다.

② 다양한 분야의 책을 골고루 읽는 편이다.

①번을 선택한 사람들이 많으리라 본다. 관심 분야의 책을 읽고 공부하는 건 중요한 일이다. 그러나 요리 분야의 책만 읽다 보면 시야의 폭이 좁아질 우려가 있다. 나무를 보느라 숲을 보지 못하는 격이다.

왜 다양한 분야의 책을 골고루 읽어야 할까? 다양한 관점과 시선으로 요리에 접근하기 위해서이다. 그릇으로 비교하자면, 크고 깊은 그릇 수십 개가 머릿속에 생기는 것과 같다. 다양한 분야의 책을 읽으면 여러분은 누구보다 '깊이 있는 요리사', '독특한 요리 철학을 지닌 요리사'로 성장할 수 있다. 예를 들어 미학 관련 지식을 쌓는다면, 아름답고 개성이 넘치는 코스 요리를 기획할 때 도움이 된다. 총책임자가 되었을 때도 독선적이고 자만하는 리더가 아닌, 여러 요리사들을 잘 이끌어갈 수 있는 인성과 책임감을 갖춘 좋은 리더가 될 수 있다.

우리나라 1세대 셰프로 알려진 에드워드 권이 한 다큐멘터리에서 "다양한 분야의 책을 읽고 배워야 한다."라는 말을 한 적이 있다. 요리사라고 요리만 잘해서는 안 된다. 평범한 요리사로 머물고 싶다면 요리에만 집중해도 된다.

하지만 진짜 요리사, 즉 스스로 행복하고 존경받는 요리사가 되고 싶다면 요리 외의 것들에도 폭넓게 관심을 가져야 한다.

Q. 셰프가 되려면 대학을 졸업하거나, 해외 유학을 다녀와야 하나요?

A. 대학교를 졸업하고 해외 유학을 다녀오면 좋겠지만, 꼭 그럴 필요는 없다. 대학교나 해외를 가는 것이 중요한 것이 아니라, 그 이상의 피나는 노력과 열정이 중요하다. 존경할 수 있는 스승, 남들보다 더 노력하는 자세가 준비되어 있어야 한다. 물론 더 많은 것을 배울 수 있는 요리 환경까지 갖춰져 있으면 더 바랄 게 없을 것이다.

스타 셰프인 최현석은 비유학파인 고졸 출신이다. 그의 꿈은 원래 요리사가 아니었다고 한다. 요리에 매력을 느끼지도 않았으며, 요리사였던 부모님 역시 다른 직업을 갖기를 원했다. 그러다가 직업을 선택해야 할 시기가 되었고 요리사 형의 말에 마지못해 요리사의 길로 첫발을 내디뎠다.

그렇게 시작한 요리사의 길은 다른 이들과 마찬가지로 험난했다. 그는 주방에서 막내로 일하며 하수구에 쌓인 찌꺼기를 전담해서 치웠다고 한다. 시작은 남들과 조금 달랐지만 일단 발을 들여놓은 이상 그것은 자신의 길이자 책임이었다. 훗날 그가 방송계에서 스타 셰프로 인기를 얻게 된 것은 결코 우연이 아니었다. 그는 충분히 준비되어 있는 사람이었다.

셰프가 되는 데 중요한 것은 화려한 스펙보다 성실함이다. 남들과 다른 셰프가 되고 싶다면 지금부터라도 태도를 바꿔야 한다. 가만히 앉아서 머리로만 계산하지 말고, 성실한 셰프들이 실천한 방법을 배우고 따라야 한다.

Q. 요리사의 재능을 키우려면 어떻게 해야 하나요?

A. 가장 중요한 것은 '오감 키우기'이다. 앞에서도 말했지만 오감이란 시각, 청각, 후각, 미각, 촉각의 다섯 가지 감각을 뜻한다. 요리사에게 오감은 생명이나 마찬가지다. 미각을 잃은 요리사를 상상해보자. 그는 좌절한 나머지 당장에 앞치마를 벗어 주방을 떠나려고 할지도 모른다. 후각은 어떨까? 음식의 맛을 볼 때 후각은 아주 결정적인 역할을 하기 때문에 이 또한 비정상에 가깝다면 남들보다 힘든 길을 가야 할지도 모른다. 시각이나 촉각, 청각 모두 마찬가지로 요리사에게 중요하다.

그러나 약해진 오감을 탓하며 요리사의 길을 포기할 수는 없다. 많은 셰프들이 자신의 약점을 극복하여 그 꿈을 이루기 때문이다. 요리사라는 직업만 그런 것은 아니다. 어떤 직업이나 꿈이든 각자의 약점과 열등감을 뛰어넘으면서 자신을 성장시킨다.

다음 두 셰프는 자신들의 약점, 특히 요리사에게 가장 치명적인 오감의 문제를 어떻게 극복했을까?

이연복 셰프는 축농증 수술 이후에 냄새를 거의 맡지 못한다고 한다. 그는 냄새를 맡지 못하는 약점을 보완하고 떨어진 미각을 끌어올리기 위해서 아침을 굶고 요리를 한다고 한다.

크리스틴 하(Christine Ha) 셰프는 베트남계 여성으로 시각장애인이다. 미국 〈마스터 셰프〉에 출연한 첫 번째 시각장애인 출연자이자 시즌 3의 우승자다. 사람들은 크리스틴 하를 통해 위로를 받고, 용기를 얻기도 했다.

크리스틴은 일반 주방에서 요리를 하지 못한다. 그는 자기만의 식당을 차릴 계획을 차근차근 진행 중이다. 치명적인 장애가 있음에도 불구하고, 좌절하지 않고 앞으로 나가는 모습에서 엄숙함마저 느껴진다. 시각장애인인 크리스틴 하의 요리 시간은 정상인보다 더 걸린다. 가끔 남편의 도움을 받기도 하지만, 되도록 혼자서 요리를 한다고 한다.

세계적인 스타 셰프 만나기

● **프랑스 요리 선구자가 궁금하다면?**

요리계의 교황, 폴 보퀴즈(Paul Bocuse)

프랑스 리옹 대성당에서 열린 폴 보퀴즈의 장례식은 무척이나 인상 깊었다. 폴 보퀴즈의 관이 통로로 들어오자, 좌석을 꽉 채운 1,500명의 요리사가 마지막 길을 배웅했다. 요리사들은 전부 흰 셰프 복장을 하고, 폴 보퀴즈가 안치된 관을 향해 몸을 돌렸다. 존경하는 대 스승을 보내는 제자들의 침통한 마음과 경건함이 느껴지는 장례식이었다.

폴 보퀴즈는 어떤 사람이었을까? 그는 요리계의 교황, 20세기 최고의 요리장, 가장 존경받는 요리사로 통한다. 폴 보퀴즈를 수식하는 말만 봐도 그가 얼마나 큰 존재감을 지닌 사람인지 짐작하게 된다. 폴 보퀴즈는 누벨퀴진의 발전에 큰 공헌을 한 전설적인 인물이다. '누벨퀴진'이란 현대식 프랑스 요리를 뜻하는데, 1970년대 프랑스 전통요리에 대한 반발로 등장한 요리법이다. 그는 버터, 크림, 고기 위주의 다소 무거운 요리법을 가볍고 세련되게 만들면서 프랑스 요리를 개척한 선구자로 이름을 남겼다.

그는 1987년 보퀴즈 도르 요리대회를 개최했는데, 이는 요리 올림픽으로 유명하다. 1990년에는 폴 보퀴즈 요리학교를 설립하기도 했다. 여기에서 인재가 많이 배출됐는데, 알랭 뒤카스(Alain Ducasse), 조엘 로부숑(Joël Robuchon) 등이 유명하다.

● **기발한 아이디어와 따뜻한 마음을 닮고 싶다면?**
요리 파괴자, 마시모 보투라(Massimo Bottura)

이탈리아가 자랑스러워하는 마시모 보투라는 번뜩이는 아이디어와 따뜻한 마음으로 세계인의 마음을 사로잡고 있다. 그가 운영하는 식당에는 '아차, 레몬 타르트를 떨어뜨렸어(Oops, I dropped the lemon tart)'라는 유명한 디저트가 있다. 이 타르트는 커다란 흰 접시 위에 담아 내놓는데, 마치 레몬 타르트가 바닥에 떨어져 터진 듯한 모양새이다.

파격적인 아이디어로 요리를 하는 마시모 보투라는 어떤 사람일까? 특이한 예술가의 삶을 살았을 것만 같지만, 그는 의외로 평범한 인생을 살았다. 회계학을 전공하고, 변호사가 되기 위해 공부하다가 요리사가 되었다. 그가 떠올리는 영감의 원천은 어릴 적부터 문화와 예술을 사랑한 가족이 아닐까 싶다.

그는 세상의 모든 셰프를 존경하지만, 어머니를 최고의 요리사로 꼽는다. 그래서일까? 그는 어떤 요리사보다 따뜻한 마음을 지녔다. 마시모 보투라는 레스토랑을 찾아온 손님만을 위해 요리하지 않는다. 사회에서 소외받는 사람들을 위해서도 기꺼이 레스토랑을 연다. 배고픔에 노출된 아이와 난민, 노숙인에게 온정을 베푸는 일은 그의 손끝을 통해 세계로 확대되고 있다.

● 스타성을 지닌 셰프를 알고 싶다면?

불을 내뿜는 독설가, 고든 램지(Gordon Ramsay)

고든 램지의 원래 꿈은 축구선수였다. 무릎 부상으로 뜻하지 않게 요리사의 길에 들어섰으나 그는 기회가 왔을 때 놓치지 않았다. 스승 마르코 피에르 화이트와의 만남이 그것이었다. 스승의 가르침을 소홀히 여기지 않고 열심히 배우면서 요리사로서 날아오를 발판을 마련했다.

고든 램지는 스코틀랜드 출신의 셰프이자 전문 경영인이다. 〈마스터 셰프〉, 〈헬스 키친〉, 〈키친 나이트메어〉 등에 출연하여 그의 인지도가 더 올라갔다.

고든 램지는 불같은 성격으로도 유명하다. 기본기가 부족한 초보 요리사에게 독설을 마구 퍼붓는 모습은 생각만 해도 아찔하다. 불과 칼이 있는 주방에서 고든 램지 같은 선배 요리사가 고래고래 소리를 지르며 화를 낸다면 초보 요리사는 얼마나 힘이 들까?

"닭고기가 덜 익어서 수의사가 살려낼 수 있겠다!" "돼지고기가 덜 익어서 지금도 하쿠나 마타타를 부르고 있잖아!" "당장 나가!" "하느님 맙소사." "참 잘하는 짓이다."

독설로도 모자라서 욕설까지 퍼붓는 고든 램지는 그야말로 지옥의 사자 같다. 그런 그에게도 따뜻하고 인간적인 면이 있다고 한다. 절박한 사정이 있거나 요리에 대한 열정을 지닌 출연자에게 조언을 아끼지 않고 많은 도움을 준다. 또 기꺼이 나서서 장애인들을 도와주는 미덕도 갖췄다. 실제로 그는 조리학교에서 거부당한 왜소증 학생을 "내가 채용하겠다."고 SNS에서 밝히기도 했다.

● 요리로 사회를 움직인 요리사는?

급식 운동가, 제이미 올리버(Jamie Oliver)

제이미 올리버는 굉장히 유명한 셰프다. 2003년 대영제국훈장 MBE를 받을 정도로 사회적으로 영향력이 뛰어나다. 제이미 올리버가 출연했던 프로그램 중 〈스쿨 디너〉라는 방송이 있다. 그가 아이들이 먹는 저질 급식을 고발하고, 질 좋은 음식을 먹이기 위해 고군분투하는 모습을 보여주었다. 그러나 이미 정크 푸드에 입맛이 길들여져 있는 아이들이 그가 해준 음식을 먹지 않고 버렸고, 그 모습은 전세계 시청자에게 큰 충격으로 다가갔다.

하지만 제이미 올리버는 포기하지 않았고, 결국 자신이 요리한 건강식을 아이들에게 먹이는 데 성공했다. 프로그램의 인기로 학부모들은 '학교 급식 질 높이기 운동'에 참여했고, 이것이 사회적인 운동으로 확산되었다.

● 억만장자 요리사를 알고 싶다면?

제2의 마사 스튜어트, 레이첼 레이(Rachael Ray)

레이첼 레이의 행보는 억만장자 여성 기업인이자 '가정살림의 최고 권위자'인 마사 스튜어트와 닮아 있다. 외모가 아닌 셰프로서의 뛰어난 활동 때문이다. 레이첼 레이는 텔레비전 프로그램에 활발하게 출연하고, 요리책 출판과 주방용품 사업으로 상당한 수입을 벌어들였다.

다른 셰프와는 다르게 레스토랑을 운영하지 않는 게 특징이다. 레이첼 레이는 2006년 〈타임〉 지가 선정한 영향력 있는 인물 100인 중 한 사람이 되었다. 2011년에는 제37회 '피플스 초이스 어워드'에서 사람들이 가장 좋아하는 TV 셰프로 선정되기도 했다.

4장
미래를
살아갈 수 있을까?

4차 산업혁명과
셰프

우리를 둘러싼 환경은 하루가 다르게 변하고 있다. 사회 전반에 4차 산업혁명의 파도가 일고 있다. 패스트푸드점이나 식당에서 키오스크(무인 주문기)를 이용하는 일이 빈번해지고, 심지어 주방에서 로봇이 요리를 하기도 한다.

3D 프린터, ICT(정보통신기술), 주방로봇, 푸드테크 등의 새롭고도 조금 낯선 미래는 이미 우리에게 성큼 다가와 있다. 이를 받아들이는 사람들의 반응은 각양각색이다. 관심 있게 바라보며 미래를 꿈꾸는 사람도 있고, 반면 거부감을 보이며 인간의 존재 위기를 우려하는 이들도 있다. 그럼 전문가들은 어떻게 바라보고 있을까? 그들도 크게 다르지 않다. 4차 산업혁명이 몰고 올 큰 파도를 긍정적으로 평가하며 이를 여러 분야에 적용시키기 위해 애를 쓰는 전문가들

이 있다. 한편 이 파도의 부작용을 걱정하는 전문가들도 많이 있다. 특히 많은 직업이 사라지고, 사람들이 일자리를 잃고 실업자가 될 위험을 미리 경고한다.

4차 산업혁명으로 달라질 우리 모습 때문에 "요리사에게 과연 미래가 있을까?" 하고 걱정이 될 수도 있다. 요리사 공부를 계속 해야 할지, 말아야 할지 고민도 될 것이다. 하지만 지피지기면 백전백승이라 했다. 사라질 직업이라는 점에 집중하기보다 미래형 요리사를 꿈꾸는 것은 어떨까? 여러분이 꿈꾸는 미래 셰프는 그만큼 색깔이 다양하기 때문이다.

자동화 설비로 만든 초코파이

3D 프린터와 AI 주방로봇의 활약상을 보면 미래 공상과학 영화를 본 것처럼 비현실적으로 느껴질 정도이다. 언젠가는 기계가 요리사를 완전히 밀어내고, 식당 주방을 차지하게 될 것이다. 이런 미래를 상상하는 것은 그리 유쾌한 일이 아닐지도 모른다. 머리로는 그려지지만 선뜻 받아들이기도 어렵다. AI 주방로봇이 만들어주는 요리를 먹는다니! 생각만 해도 입맛이 떨어지고 요리가 맛없게 느껴진다는 사람도 있다.

그러나 시선을 조금만 돌려보면 다른 것도 볼 수 있다.

식품회사에서 만드는 초코파이나 아이스크림을 만드는 장면을 본 적이 있을 것이다. 초코파이 수천 개가 한순간에 만들어지는 장면은 볼 때마다 신기하고 놀랍다. 컨테이너 벨트 위에서 초코파이 형태가 만들어지고, 초콜릿이 뿌려지고, 동결과정을 거쳐서 포장지에 담기는 모습. 이런 장면을 본다고 해서 잘 먹던 초코파이를 거부하는 사람은 없다. 우리는 기계로 과자를 만든다는 사실을 알고 있다. 기계로 만들었지만, 과자는 충분히 달고 입맛을 당긴다.

미래 상황도 이와 비슷하지 않을까? 3D 프린터와 AI 주방로봇이 요리한 음식 맛에 흡족하여 미소를 지으며 고개를 끄덕일지도 모른다. 초창기에는 기업과 노동자 간에 갈등이 생길 수 있다. 비인간적이라며 반발하는 사람도 있을지 모른다. 그러나 어느 정도 시간이 지나면, 사람들의 인식은 변할 것이다. 마치 지금 자동화 설비로 초코파이를 만드는 걸 당연하게 여기는 것처럼, 3D 프린터와 AI 주방로봇의 활약을 인정하고 그들의 공존을 받아들일 것이다.

3D 프린터로 음식을 만드는 시대

뉴스를 통해서나 실제로 3D 프린터를 본 적이 있을 것이다. 작은 톱니바퀴부터 시계, 스탠드, 자동차, 무인비행기, 다리, 음식, 심지어 인체 장기까지 만들어낸다. 3D 프린터의 기능은 잉크젯 프린터와 비슷하다. 잉크젯 프린터가 물감을 종이에 인쇄하는 것처럼, 3D 프린터는 미세한 가루 소재를 쌓고 쌓아서 입체 모양을 만든다.

요리용 3D 프린터 안에는 음식 재료가 황금비율로 들어가 있다. 색과 모양이 예쁜 머핀이 똑같은 모양으로 뚝딱 만들어진다.

세계 최초의 3D 프린터 레스토랑 이름은 '푸드 잉크'이다. 행사 기간 내에만 판매하고 사라지는 팝업 스토어인데, 3D 프린터로 9가지 코스를 선보여 화제였다. 손님들은 호기심 어린 눈으로 그 과정을 지켜보다가 직접 맛을 보았다. 고개를 끄덕이거나 눈을 감고 요리를 음미하는 모습을 보면 사람이 만든 요리와 별 차이를 느끼지 못하는 듯했고, 마치 수준급 셰프가 대접한 요리를 먹는 듯한 표정이었다.

푸디니(Foodini) 얘기도 빼놓을 수 없다. 푸디니는 스페인에 있는 한 기업이 개발한 3D 프린터다. 푸디니는 원하는 어떤 요리도 다 만들어낸다. 초콜릿, 피자, 햄버거 등 무엇이든 입력만 되면 출력이 가능하다. 바르셀로나의 한 호텔에는 푸디니를 이용해 요리를 만드는 레스토랑도 있다. 미슐랭 투 스타를 받은 셰프는 푸디니를 이용하여 창의적인 요리를 만든다고 한다.

셰프는 대체되기 힘든 직업

3D 프린터와 AI 주방로봇의 활약상을 보면 '요리 공부를 해서 뭐하나. 로봇이 다하는데 셰프가 할 일이 있을까?'라는 의문이 들 수도 있다. 머릿속에 수많은 물음표가 떠다닐 것이다. 그렇다고 요리 공부가 쓸모없는 일이 되는 것은 아니다. 당장 요리사라는 직업이 사라지는 것도 아니니 미리 겁부터 먹을 필요는 없다.

한국고용정보원은 AI와 로봇으로 대체될 확률이 높은 직업과 대체가 힘든 직업을 조사했다. 셰프는 작가, 화가, 지휘자, 만화가 등과 함께 대체되기 힘든 직업으로 꼽혔다. 그에 비해 콘크리트공, 고무 및 플라스틱 제품 조립원, 경리사무원 등은 대체될 확률이 높은 직업이다.

이 직업들의 차이는 무엇일까? 창의적인 일과 단순한 일을 반복한다는 점이 다르다. 그러나 이 차이에만 안주하면 안 된다. 단순한 일을 하는 요리사라면, 3D 프린터와 AI 주방로봇에게 그 자리를 내주어야 하지 않을까?

미래가 원하는 요리사는 어떤 유형일까? 3D 프린터와 AI 주방로봇에 밀리지 않는 요리사라면 뭔가 비장의 무기가 있어야 할 텐데 말이다. 과연 어떤 재능을 가진 요리사가 미래에 살아남을 수 있을까?

미래형 요리사

미래 요리사는 다른 직업과 융합된 모습이다. 미래형 요리사를 소개하자면, 대표적으로 '농부+요리사'가 있다. '농부+요리사'는 이제 낯설지 않은 모습이 되었다. 이미 여러 식당들이 직영 농장에서 식자재를 가져와 요리를 하고 있다. 여기에서 한 걸음 더 나아가면 미래형 '농부+요리사'는 보다 진화된 푸드테크(Food-Tech)의 모습을 갖추게 된다.

푸드테크는 음식(Food)과 기술(Technology)이 합쳐진 용어인데, 요리사가 농작물 생산, 가공, 유통, 판매, 소비에 이르기까지 모든 걸 참여하는 형태이다.

벨기에의 한 식당에서는 컨테이너를 이용해 실내 농장을 운영한다. 실내 농장을 운영하는 기술을 배워서 허브를 키우는데, 약 3,000명 분이 재배된다. 컴퓨터 시스템을 이용해 씨앗을 뿌리고, LED 조명으로 빛과 온도를 조절하고, 영양분을 공급한다. 채소가 자라는 속도도 빨라서 이번 주에 씨앗을 뿌리면 다음 주에 수확을 하는 정도다. 이처럼 푸드테크는 요리사가 농장을 운영하는 게 어렵지 않은 일임을 보여준다.

미래형 요리사가 농부의 역할까지 해낸다면, 놀라운 일이 벌어질 것이다. 예를 들어 건강에 관심 있는 요리사가 실버타운이나 산후조리원, 병원 근처에 식당을 차린다고 해보자. 요리사는 음식 솜씨도 좋지만, 약식동원(약과 음식은 근원이 같다.)으로 몸을 건강하게 하겠다는 신념이 가득한 사람이다. 여기에 푸드테크 기술을 이용해서 맛과 효능까지 좋은 요리를 만든다면, 그 식당의 미래는 희망적이다.

그 밖에 미래형 요리사로는 '3D 푸드 디자이너', '식품 개발자+요리사'가 있다. '3D 푸드 디자이너'는 3D프린터를 이용해 메뉴를 기획하고 디자인한다. 미래에는 요리사들 누구나 요리 도구로 3D프린터를 사용하고 있지 않을까?

'식품 개발자+요리사'는 기업에서 추구하는 미래형 요리사이다. 라면, 즉석 조리식품, 과자·디저트, 음료, 특수식품 등을 개발하는 기업에서는 끊임없이 변화하는 소비자의 마음을 사로잡기 위한 인재들을 필요로 하는데 '식품 개발자+요리사'가 여기에 해당한다. 다양한 경험과 지식으로 똘똘 뭉친 요리사에게 적합하다.

현실적인 직업 전망과 조언

스타 셰프 중에는 높은 연봉을 받는 사람들이 있다. 각종 매체에 수시로 나와 자신의 실력과 매력을 뽐내니 '나도 저 사람처럼 스타 셰프가 되고 싶다!'라는 마음이 절로 생긴다. 문제는 이런 이유로 요리사를 선택하면 후회할 일이 생긴다는 점이다. 요리사의 길은 인내심이 요구된다. 몇 개월에서 1년 안에 셰프가 될 수 있는 게 아니기 때문이다. 핑크빛 미래만을 꿈꾼다면 요리사를 향한 꿈은 다시 생각해보는 것이 좋다. 요리사가 되려면 스스로에게 물어봐야 한다.

"왜 요리를 하고 싶어?"

"요리를 정말로 사랑하니?"

"넌 어떤 요리사가 되고 싶어?"

"요리사가 되기 위해 힘든 일을 감내할 마음의 준비가 됐니?"

요리사는 결코 호락호락한 직업이 아니다. 굳게 마음을 먹고 요리사가 돼도 힘에 벅찬 일이다. 실제 요리사로 일하는 이들도 약해지려는 마음을 다지면서 일을 해나간다.

요리사는 현실적으로 장시간 노동과 저임금에 시달린다. 그렇다고 누가 잘하고 있다며 칭찬해주거나 상을 주지도 않는다. 묵묵히 주방 뒤편에서 손님을 위해 같은 작업을 반복해야 한다. 초라해진 자기 모습에 억대 연봉을 받는 스타 셰프와 비교하며 신세 한탄을 하게 될 수도 있다. 그런데도 요리사가 되겠다면, 초심을 잃지 말고 매일 자신의 길을 개척하겠다는 각오로 임해야 한다.

억대 연봉, 열정페이, 저임금

누군가에게 스타 셰프는 꿈의 직업이다. 아이돌급 인기를 뽐내며 방송과 광고, 홈쇼핑 등에서 존재감을 발휘하니 말이다. 스타 셰프는 하나의 '브랜드'가 되기도 한다. 방송 출연으로 얻은 높은 인지도와 인기 덕분에 셰프 본인은 물론이고 운영하는 식당까지 홍보할 수 있는 기회가 되는 셈이다.

발 빠른 기업들은 이들을 이용해 마케팅을 하고 결과가

좋으면 셰프에게 주어지는 수입이 억 단위를 뛰어넘는다. 이렇게 해서 어떤 셰프는 자신의 사업체를 꾸리기도 하고, 기업체에 들어가서 높은 연봉을 받기도 한다. 매니지먼트에 들어가 연예인처럼 관리를 받기도 한다. 하지만 모든 셰프가 스타로 살아가는 것은 아니다. 보통 셰프가 훨씬 더 많다.

처음 요리사가 되어 주방장 보조로 시작하면, 한 달에 약 120~130만 원을 받는다. 10년차 요리사 연봉은 약 3,000만 원을 받는다. 전문 요리사가 되기 위해서는 기본 10~15년을 투자해야 한다. 통계청에서 발표한 '2019년 하반기 지역별 고용조사'*에 따르면 음식점 및 주점업 종사자가 214만 8,000명으로 나타났다. 월급 수준을 보면, 100만 원 미만을 받는 숙박·음식점업 근로자는 27.8%였다. 100~200만 원 미만까지 포함하면 월 200만 원을 못 버는 숙박·음식점업 근로자는 64.5%에 달했다.

혹시 '열정페이'란 말을 들어본 적이 있는가? '열정페이'란 젊은이들에게 무급이나 최저 시급에도 못 미치는 돈을

* 근로자 10명 중 1명 月100만 원 못번다… 농업·요식업 저임금 많아, 송현수 기자, 부산일보, 2020

주면서, 열정만을 요구하는 현실을 꼬집는 말이다. 요리 업종에도 '열정페이'가 만연해 있다. 기본 10시간 이상 근무하며, 4대 보험이 적용되지 않는 식당에서 쉬는 시간도 없이 일하는 셰프들도 일부 있다.

두 권의 노트를 준비하라!

요리사가 되려는 여러분이 해야 할 두 가지가 있다. 노트 준비와 멘토 찾기다. 먼저 노트를 준비해보자. 요리사가 되려면 손에서 노트를 놓지 말고 필요할 때마다 언제든지 적어야 한다. 주로 주방에서 쓸 예정이니 겉면이 방수 코팅이 된 노트를 준비하면 좋다. 노트는 두 권을 준비하는데, 한 권은 체크리스트로 쓰고, 나머지 한 권은 레시피를 적는 용도로 사용한다.

① 체크리스트 활용법

이 체크리스트는 셰프가 되기 위해 적는 업무형 일기이다. 이를 '미션 노트'라고 생각해보자. 이 노트에는 하루에 한 번씩 자신이 한 일을 기록하고, 일을 수행했는지 안 했는지를 체크한다. 물론 그 일이란 직간접적으로 요리와 관련된 것이어야 한다. 이런 사소한 습관이 여러분의 미래를 만든다. '난 꼭 요리사가 될 거야!'라는 막연한 생각만으로는 요리사가 될 수는 없다. 또 요리책을 많이 봤다고 해서 요리를 잘하는 것도 아니다. 체크리스트를 활용해서 요리 실력을 향상시켜줄 내용을 추가해보는 것도 좋다.

체크리스트로 자신을 점검하면서 그날그날 꼭 해야 할 일을 성실하게 실행한다면, 성장하는 자신의 모습을 매일 발견할 수 있을 것이다.

예시) 체크리스트 1일차

① 식사 후 설거지하고, 주방 청소하기

② 냉장고 속 재료 살펴보고 이름 익히기

③ 채소 손질법 배우기

④ 동영상으로 좋아하는 요리의 조리법 보고 정리하기

⑤ 요리책 보면서 내용 요약하기

위 내용은 체크리스트 1일차를 임의로 적어본 것이다. 여러분은 여러분의 취향이나 상황에 맞게 시작하면 된다. 2일차가 되면 새로운 미션도 하나씩 추가해보자. 체크리스트 7일차에는 동영상으로 본 요리를 직접 만들어보면 어떨까?

② 레시피 노트 쓰기

레시피를 적는 습관도 매우 중요하다. 배우고 싶은 레시피를 노트에 적고 그림까지 그려 상세한 설명을 덧붙이면 더 도움이 된다. 사진이나 인쇄물을 붙여도 좋다. 요리의 맛과 느낌, 기억까지 적는다면 평생 간직할 나만의 레시피북이 될 것이다.

노트에 손때가 묻을 때까지, 종이 끝이 너덜거릴 정도로 자주 본다면, 황금 레시피는 여러분의 지식으로 자연스럽게 흡수된다. 그러면 머지않아 여러분만의 레시피로 재탄생될 것이다. 단, 반짝이는 아이디어를 끊임없이 개발하고 공부에 힘써야 한다. 그래야 무(無)에서 여러분만의 유(有)가 탄생된다.

요리사!
제2의 직업을 찾아라

좁은 의미로 보면 셰프는 레스토랑이나 호텔·브런치 카페 등에서 일하는 사람이다. 하지만 더 다양한 영역에서 자신의 재능을 펼쳐가는 셰프들도 있다. 일의 범위도 과거보다 훨씬 넓어졌다. 어떤 셰프들은 레스토랑을 운영하며 버는 돈보다 주방용품과 조리도구 판매, 컨설팅, 광고, TV 프로그램 출연 등으로 돈을 더 많이 벌기도 한다.

예를 들어, 최현석 셰프는 요리사로 일해서 버는 수입보다 광고로 벌어들인 수익이 더 많다고 한다. 해외 스타 셰프인 고든 램지만 하더라도 벌어들이는 돈이 어마어마하다. 전용기를 타고 전 세계를 다녀야 할 만큼 하루 24시간으로 모자란 삶을 살고 있다.

2019년 5월, 요리 연구가인 제이미 올리버가 파산했다는 내용이 뉴스에 쏟아졌다. 22개나 되는 레스토랑이 망했다는 소식이었다. 다들 그가 다시는 일어서지 못할 거라고 걱정했다. 하지만 그는 주방용품과 조리도구 사업으로 돈을 벌고 있으며, 동남아시아에 새로운 레스토랑을 열 계획이라고 한다.

고정관념을 깨면 새로운 세상이 보인다. 요리사라는 직업도 마찬가지다. 요리사와 연계되어 있는 세부 직업을 찾다보면, 자신에게 잘 맞는 일을 만날 수 있다. 세상은 넓고 할 일은 많다. 너무 한 가지에만 얽매이지 말자.

메뉴 개발자

메뉴 개발자는 거대 식품회사, 베이커리 업체, 패스트푸드 회사, 프랜차이즈 레스토랑, 홈쇼핑, 대형 마트 부서에서 상품개발, 현장 교육, 관리를 주로 담당하고 있다. 한 마디로 그들은 '히트 상품', '대박 메뉴'를 만들어내는 능력자다.

메뉴 개발을 하기 위해서는 톡톡 튀는 아이디어와 치밀한 분석 능력이 필요하다. 대중이 선호하는 맛과 취향, 감수성을 읽고, 끊임없이 변하는 트렌드를 잡아낼 줄 알아야 한다. 그러려면 시장 조사, 조사 특정 대상(타깃층), 각 연령층의 수요 파악, 마케팅 방법까지 꿰뚫어야 한다. 음식의 맛과 위생은 물론, 건강에 미치는 영향까지 소비자에게 적극적으로 표현하는 감각도 지녀야 한다.

언뜻 보면 메뉴 개발자는 냉철한 분석력이 전부인 것 같지만, 꼭 필요한 게 하나 더 있다. 바로 상상력과 호기심이다. 대중을 유혹하는 요리를 만들려면 아이디어가 샘솟아야 한다. 아이디어의 원천을 만들기 위해 폭넓은 독서와 다양한 경험이 필요하다. 특정 연령층이 즐기는 '맛집'에도 가보고, 이른바 '핫 플레이스'라 불리는 곳도 다녀야 한다. 여러 곳에서 맛본 음식을 응용해 '시그니처 메뉴'를 만드는 것이다.

메뉴를 개발하는 것이 쉬운 일은 아니다. 기획한 대로 요리를 만들어도 현실에서는 부정적인 평가를 받기도 한다. 자신의 아이디어와 의지로 메뉴를 개발하되, 시식자의 의견을 반영하여 더 나은 메뉴로 만들려는 자세가 중요하다. 메뉴 개발자는 요리사로 일한 경력을 우대해주기도 한다. 연봉은 레스토랑 요리사보다 2배 이상 받는 것으로 알려져 있다. 관련 학과로는 조리학과나 식품 영양학 등이 있다.

한국 맥도날드 총괄 셰프로 일하는 최현정 씨는 미국 최고 요리학교 CIA(Culinary Institute of America)를 졸업하고, 한국에서 메뉴 개발자로 활동하기 시작했다. 최현정 씨가 개발한 메뉴는 '슈비버거(쉬림프+비프)', '1955 해시 브라운'

등이 있다.

1인 방송 요리사

1인 방송의 장점은 내가 원하는 내용을 방송으로 만들수 있다는 점이다. 내가 좋아하는 프랑스 요리, 내 입맛에 딱 맞는 한식, 보는 순간 살살 녹게 만드는 달콤한 디저트 등등. 원하는 것이 무엇이든 방송 콘텐츠로 제작할 수 있다. 재미있는 방송이 인기까지 있다면 조회 수는 빠르게 올라가고, 이것이 수입으로 연결된다. 유튜브는 방송 제작자에게 수익을 직접 준다. 이는 조회 수, 영상 길이, 시청 연령층, 광고 단가 등을 고려하여 계산된다.

유튜브는 수많은 1인 방송인을 탄생시켰다. 그 덕에 많은 요리사들도 새로운 길을 찾게 되었다. 과거에는 요리사가 일하는 곳이 식당으로 한정되어 있었다. 하지만 지금은 요리 실력과 방송 제작 능력만 있다면 누구나 1인 방송 요리사가 될 수 있고, 자기만의 요리 브랜드를 만들 수 있다.

모든 일이 마찬가지지만 1인 방송을 보는 것과 실제로 하는 것은 다르다. 인기 있는 크리에이터만을 좇기보다, 자신이 잘할 수 있는 것을 선택해 철저히 조사하고 기획해야 한다. 또 처음부터 촬영, 편집, 음향 시설을 완벽하게 갖추기보다는 무엇으로 사람들과 소통할 것인가를 중심으로 고민해야 한다. 사람들은 개성 있는 방송을 좋아한다. 웃기거나 재미있거나 시각을 자극하거나 유익하거나 위로를 주는 목적 중에서 어느 한 가지를 차별화시켜 고유한 색깔을 지녀야 한다.

성공하는 요리 콘텐츠 크리에이터가 되고 싶은가? 그렇다면 닮고 싶은 방송을 찾아서 배우고, 그 요리사를 뛰어넘을 비결을 찾아야 한다. 나만의 강점을 끌어내 매력을 터트리고 시청자들과 소통하는 방법을 고민해보자!

● 요즘 인기 있는 1인 방송 요리사

① 과나gwana: 구독자 35.8만 명. 신개념 요리 채널이다. 요리와 노래, 현란한 편집 기술이 더해져, 보다 보면 웃음이 터진다. 요리 채널인지 개그 채널인지 음악 채널인지 헷갈릴 정도다.

② 취미로 요리하는 남자 Yonam: 구독자 57.3만 명. 시청자들을 요남의 일상으로 초대하는 채널이다. 친구들을 위해 요리하며, 수다를 나누는 모습이 정겹고 따뜻하다.

③ 먹어볼래TryToEat: 구독자 64.9만 명. 연출력이 남다른 채널이다. 요리 영상이지만, 만화나 영화 같은 요소와 음향, 카메라 움직임으로 재미를 더한다.

푸드스타일리스트

푸드스타일리스트는 광고, 영화, 드라마 등 각종 촬영 현장에서 요리와 연관된 일을 하는 사람이다. '스타일리스트'라는 이름처럼 요리를 예쁘고 더욱 먹음직스럽게 꾸미는 일을 한다. 푸드스타일리스트는 현장에서 전문 요리사의 역할을 한다. 요리를 담는 그릇과 인테리어 소품, 꽃 등을 요리와 조화롭게 배치시키는 감각도 있어야 한다. 최대한 요리를 돋보이게 하는 색감을 고르고, 흔하지 않으면서 독특한 분위기를 연출하는 소품을 선택하는 안목도 중요하다.

촬영되는 음식은 시간이 지날수록 본래 상태와 달라진다. 예를 들어, 오랜 시간 동안 환한 조명기기와 열을 내뿜는 여러 장비에 노출되다 보면 음식의 수분이 날아간다. 이때 푸드스타일리스트는 수분 증발을 막는 기름이나 물엿을 재료에 발라준다. 아이스크림도 진짜 대신 가짜 재료(달걀흰자, 설탕, 식초)를 섞어 만들어낸다. 이처럼 푸드스타일리스트는 갖가지 아이디어로 화면 속 요리를 더욱 빛나게 한다.

푸드스타일리스트는 독서, 영화, 미술, 사진 전시회 등을 챙겨 보면서 사람들이 좋아하는 취향이나 트렌드, 나아가 사람들의 심리까지 파악해야 한다. 왜냐하면 이 직업의 가치는 소비자들의 구매 욕구를 높이는 데 있기 때문이다. 푸드스타일리스트가 정성스럽게 꾸미고 만든 요리 사진을 보고, 소비자 구매율이 올라가면 그것처럼 만족스러운 일도 없을 것이다.

이 일의 어려운 점은 촬영 현장의 변화에 민감하게 반응해야 한다는 것이다. 일을 의뢰한 업체와 아무리 회의를 많이 해도 현장에서는 늘 돌발 상황이 생기기 마련이다. 그때마다 푸드스타일리스트는 노련하게 상황에 대처해야 한다. 예를 들어 더운 나라에서 빙수를 먹는 장면을 촬영한다고 해보자. 빙수는 만들기가 무섭게 계속 녹아내릴 것이다. 이때 다른 대안이 없다면 빙수를 만들어서 촬영 현장까지 몇 번이고 날라야 한다. 이런 이유로 소품을 항상 들고 다녀야 한다는 점이 애로사항에 꼽히기도 한다. 평균 연봉은 3,000만 원 이상으로 알려져 있다.

관련 학과로는 대전과학기술대학교 '식품조리계열(푸드스타일링전공)', 대경대학교 '푸드아트스쿨', 청강문화산업대학교 '푸드스쿨' 등이 있다.˙

●   참고: 진로정보망 '커리어넷'

파티시에(제과제빵사)

파티시에(patissier)는 프랑스어로 '페이스트리 요리사'를 말한다. 페이스트리는 밀가루 반죽으로 만든 과자(쿠키 · 케이크 · 파이 · 과자)를 뜻하는데, 우리나라에서는 제과제빵사로 통한다. 파티시에는 밀가루를 반죽 · 성형(모양) · 발효시키고, 오븐에서 구워서 완성하는 일을 한다.

파티시에 하면 김이 모락모락 나는 갓 구운 빵, 감탄이 절로 나오는 예쁘고 멋스러운 케이크, 귀여운 쿠키가 떠오른다. 파티시에를 꿈꾸는 사람들은 빵 모양과 맛에 매료되어 제과제빵의 길로 들어서기도 한다. 오븐에서 갓 나온 뜨끈한 빵 냄새에 행복감을 느끼고, 손님이 쟁반에 가득 쌓아 올린 빵을 보며 만족감을 더할 것이다.

이런 파티시에에게 필요한 자질은 무엇일까? 예민한 미각과 아름다움을 볼 줄 아는 눈이다. 그리고 정교한 손놀림과 꼼꼼함도 갖추어야 한다. 가장 중요한 것 중에 하나가 튼튼한 체력이다.

파티시에는 하루 종일 서서 일을 한다. 무거운 밀가루 포대를 나르고 반죽과 씨름하며, 성형하고 발효된 빵을 오븐에 넣고 빼는 일을 수시로 해야 한다. 오븐 앞에 서서 열기와 사투를 벌이며, 빵이 잘 구워지는지 확인도 해야 한다. 피곤함을 이기고 디저트 류를 만드는 업무도 이어간다. 큰

제과점이라면 반죽 파트, 성형 파트, 오븐 파트, 디저트 파트로 나눠서 일하겠지만, 규모가 작다면 그 모든 일을 다 책임져야 한다.

관련 학과로는 글로벌 제과제빵과, 베이커리학과, 제과제빵과, 제과제빵 바리스타 음료과, 제과제빵전공, 제과제빵 커피과, 제과제빵학과, 제과제빵학부, 조리제과제빵과, 조리제빵과, 카페베이커리전공, 호텔식품제과제빵과, 호텔제과제빵 바리스타과, 호텔제과제빵전공, 호텔 조리베이커리과, 호텔조리제과제빵계열, 호텔조리제과제빵과, 호텔조리제빵, 차문화과 등이 있다.[•]

그 밖에 음식 관련 직업으로는 초콜릿 장인인 '쇼콜라티에(chocolatier)', 바에서 커피를 만드는 '바리스타(Barista)', 와인 전문가 '소믈리에(sommelier)', 여러 매체에 말과 글로 음식을 알리는 '음식 평론가', 요리를 전문적으로 연구하는 '식품 연구가', 요리사면서 글을 쓰고 사진도 찍는 '요리 전문 사진작가' 등이 있다.

[•]   참고: 진로정보망 '커리어넷'

직업을 통해
얻는 가치

셰프로서 느끼는 기쁨

손님이 레스토랑에 들어오고 주방으로 주문서가 넘어오면 셰프의 일이 본격적으로 시작된다. 자, 마음속으로 그 장면을 떠올려보자.

셰프는 주문서에 적힌 메뉴와 개수를 외친다. 그러면 여러 요리사가 함께 큰소리로 복창을 한다. "예, 셰프!" 복창 소리는 셰프의 권위를 상징한다. 셰프를 따르는 요리사들의 겸손한 마음이 느껴진다.

모두가 요리에 집중하면 주방 온도는 가열하는 불로 인해 점점 높아지고, 요리사들의 움직임은 더 바빠진다. 모두가 정신없는 와중에도 셰프는 날카로운 눈을 번뜩이며 다닌다. 그러면서 요리사들의 실수를 바로 잡고 일을 더 잘하도록 다독인다. 땀방울이 주르륵 떨어지면, 접시에 요리가 담겨 나온다. 셰프는 요리의 마지막을 장식한다. 음식의 모양과 각도, 장식을 신경 쓰며 플레이팅을 마무리한다.

셰프는 주방에만 머물지 않는다. 손님이 만족스러운 식사를 하는지 확인하기 위해 홀에 나가기도 한다. 코스 요리가 만족스러웠는지, 먹기에 불편한 점은 없는지 꼼꼼히 묻는다. 고쳐야 할 점이 있다면 듣고 이를 요리에 반영한다. 무엇보다 셰프를 기쁘게 하는 것은 손님들의 흡족한 미소와 그들의 찬사이다. 그리고 텅 빈 접시를 보는 일이다. 건더기 하나 없이 말끔한 접시를 마주하는 것만으로도 직업의 보람을 느낀다. 메뉴 개발을 위해 아이디어를 내고, 주방 멤버들과 함께 여러 날을 고민하며 좀 더 맛있는 요리를 만들기 위해 투자한 시간의 대가이기 때문이다.

이러저러한 사연을 거쳐 나온 요리를 손님이 즐겁게 먹는다면, 셰프는 엄청난 만족감을 느낀다. 고된 업무가 계속 반복되는 삶이지만 크나큰 보상을 받는 느낌일 것이다. 지휘자가 오케스트라 연주를 마치고 받는 우레와 같은 박수, 축구 선수가 골을 넣고 팬들에게 받는 열렬한 호응과 견주어보면 그 느낌이 더 확실하게 다가올 것이다. 셰프는 그런

기쁨을 맛보기 위해 기꺼이 어려움을 감수하고 주방에서 땀을 흘리는 것이다.

언제나 기회를 주는 직업

미식 업계는 이직률이 높은 편이다. 그만큼 일이 고되고 근무 환경이 좋지 않다는 뜻이지만, 이것을 기회로 생각할 수도 있다. 실제로 갑자기 일할 사람이 없어서 운 좋게 원하던 레스토랑으로 가게 되어 성공했다는 유명한 요리사들이 많이 있다.

세상에는 턱없이 높은 자격 기준으로 진입이 어려운 직업이 많다. 그에 비해 요리사라는 직업은 진입장벽이 그리 높지 않다. 그런 이유로 많은 이들이 희망을 품고 요리사의 세계로 뛰어든다. 고생을 각오하고 뛰어들기만 한다면, 직장과 수입, 항상 든든한 지원군이 되는 동료와 스승을 만날 수 있다. 요리사 경력까지 천천히 쌓을 수 있다.

제2의 직업으로 요리사를 택해 기회를 얻는 사람들도 있다. 그들의 마음속에는 하나같이 뜨거운 열망이 넘실거린다. 그들은 다른 일을 하면서도 식자재를 보면 미칠 듯이 아이디어가 떠올라 가만있지 못한다. 계획한 대로 또는 그 이상으로 연출되는 놀라운 맛과 향에 놀라고, 자신이 만든 요리를 먹고 감탄하는 사람들의 표정과 태도를 생각하는 것만으로도 행복감을 느낀다.

　김훈이 셰프는 의사에서 요리사로 직업을 바꾼 사람이다. 2014년 〈마스터 셰프 코리아〉 시즌 3의 심사위원으로 활동해 우리에게 낯설지 않다. 기자 출신인 박찬일 셰프도 있다. 사회부 기자였던 그는 혼자서 할 만한 일을 찾다가 홀쩍 이탈리아로 유학을 떠났고, 이탈리아 음식을 만드는 셰프가 됐다. 역사학자에서 요리사로 변신한 김태윤 셰프도 있다. 그는 한국식 지중해 요리를 선보이고 있다.

　이 책을 읽고 있는 여러분 중에는 구체적인 꿈이 있는 사람도 있고, 꿈이 없어서 고민하는 사람도 있을 것이다. 꿈이 있다면 목표를 세우고 도전하면 된다. 꿈이 없다고 불안해하며 조바심 낼 필요는 없다. 여러분이 지금 해야 할 일은 이것저것을 많이 경험하려는 의지이다. 정확한 목표를 갖고 직업을 찾는다고 해도 상황은 예기치 않게 변한다. 변덕스러운 기상 상황처럼 말이다. 일이 적성에 맞지 않거나 어떤 계기로 마음이 바뀌기도 한다. 그러니 위에서 언급한 셰프들처럼 물 흘러가는 대로 순응하며 자신의 길을 걸어가길 바란다.

요리의 거장들

　'거장'은 그 방면에서 기능이 특히 뛰어난 사람을 뜻한다. 다른 말로 '대가'라고도 한다. 어떤 분야든 오랫동안 한 가지 일을 집요하게 파고들면 전문가가 된다. 요리사 세계에도 많은 능력자들이 있다. 그러나 거장은 이런 능력자보다 존재감이 훨씬 더 큰 사람이다. 여러 셰프에게 존경받으며, 대중의 사랑을 듬뿍 받는 요리사는 흔치 않다. 앞서서 말한 폴 보퀴즈 같은 요리사가 여기에 해당한다.

그러나 시대가 변했다. 폴 보퀴즈 같은 과거의 거장들도 여전히 존재하겠지만, 이 시대와 어울리는 젊은 거장들도 계속해서 나타날 것이다. 혜성처럼 나타나 이름을 떨치며 이 시대를 주름잡을 것이다. 여러분 중에는 스타 셰프를 동경하며 언젠가 '거장'이 되고픈 사람이 있을 것이다. 칼도 제대로 못 잡는 왕초보 요리사일지라도 꿈은 있는 법이다. 너무 큰 꿈이기에 남들에게 말도 못하고 혼자서만 그리는 엉뚱한 상상이라도 꿈은 누구에게나 소중하다.

꿈은 긍정적인 방향을 제시한다. 어떤 사람은 요즘 시대에 '거장'이 되는 건 무척 어려운 일이라고 말한다. 그렇다고 꿈꾸지 않는 건 더 불행한 일이다. 방법은 있다. 4차 산업혁명에 맞춰 스스로 변화하면 된다. 그 변화에 맞추되, 자기만의 색깔을 찾는 것이다. 자기 자신을 믿으며 평생 자기만의 색깔을 찾아간 조엘 로부숑과 알랭 뒤카스의 이야기를 잠깐 들어보자.

조엘 로부숑과 알랭 뒤카스

조엘 로부숑은 〈미슐랭 가이드〉의 별을 총 32개를 받아서 '세기의 요리사'로 불린 사람이다. 미식가들은 2018년 세상을 떠난 그의 대표 메뉴를 매쉬 포테이토(으깬 감자)라고 생각한다. 놀랍지 않은가? 세기의 요리사인 그의 대표 메뉴가 고작 으깬 감자라니. 하지만 이유는 있다. 그에게는 원칙이 있었다고 한다.

"요리에 세 가지 맛 이상을 넣지 않는다."

조엘 로부숑은 노년에 단순한 맛에 집중하게 되었고, 미식가들도 그의 단순한 맛을 선호하게 된 것이다.

알랭 뒤카스는 프랑스 요리의 거장으로 그의 인생은 〈알랭 뒤카스: 위대한 여정〉이라는 다큐멘터리 영화에 잘 드러나 있다. 그는 세계 31개국에서 레스토랑을 운영하는데 그 일은 모두 제자들에게 맡기고, 먹어보지 못한 맛을 찾아 세계 곳곳을 돌아다닌다고 한다. 다큐멘터리에서 그는 레시피를 받아 적던 제자의 노트를 찢어버리며 이렇게 말했다.

"너 자신의 미각을 믿고, 너만의 방식으로 요리를 만들어."

그는 제자가 요리의 본질을 꿰뚫기를 바랐다. 똑같은 맛을 따라 하는 조리법이 아닌 자기만의 개성있는 맛을 만들기를 바란 것이다. 그는 제자들의 음식을 맛볼 때도 '너만의 한방'을 얹어보라고 덧붙인다. 다른 사람의 요리를 흉내 내는 것에만 급급해하지 말고 자신의 요리로 승부를 보라는 말이다.

두 셰프의 말을 다시 한 번 생각해보며 여러분만의 '셰프'를 꿈꾸기를 바란다.

"요리에 세 가지 맛 이상을 넣지 않는다."

"너 자신의 미각을 믿고 너만의 방식으로 요리를 만들어."

진정한 스타 셰프

스타 셰프는 화려한 언론의 스포트라이트를 받는다. 그리고 자신의 이미지로 브랜드를 만들기도 한다. 갖가지 사업을 하며, 성공한 사업가로서 이름을 떨치기도 한다. 4차 산업혁명의 거대한 물결 위에 오른 지금, 스타 셰프는 미래형으로 진화된 요리사의 모습을 선보인다. 때문에 요리사 지망생들은 스타 셰프를 선망하고, 그들처럼 되기 위해 그들이 밟은 과정을 좇아가고 싶어한다.

그럼, 스타 셰프는 누구나 될 수 있는 것일까? 대답은 "NO."이다. 누구든 스타 셰프가 될 수 있지만 그 전에 갖춰야 할 것이 있다. 여러 직종에서 정상의 자리에 오른 사람들에게는 공통점이 있는데, 바로 '성실함'과 '집요함'이다.

이 조합은 비장의 무기를 만들어낸다. 스타 셰프에게 비장의 무기란 '자신만의 레시피'이다.

스타 셰프는 남들이 흉내 낼 수 없는 독창적인 아이디어를 요리에 접목시킨다. 마치 요리 파괴자 마시모 보투라처럼 말이다. 고객에게 신선한 충격을 안겨주는 노하우를 계속해서 쌓는다면, 평범했던 셰프는 비범한 셰프로 인정받고 마침내는 스타 셰프의 자리에 오를 것이다.

진정한 스타 셰프가 되고 싶은가? 그렇다면 무식할 정도의 '성실함'과 무섭다고 할 정도의 '집요함'으로 무장하고 셰프의 길로 뛰어들어야 한다. 선후배와 동료 요리사들에게 인정받을 정도로 열심히 하다 보면, 어느 순간 세계에서 인정받는 셰프로서 업계를 호령할 것이다.

세상은 언제나 새로운 스타 셰프의 등장을 기다린다. 장차 멋진 요리사로 성장할 당신의 미래를 응원한다!

인기 있는 요리 크리에이터

앞에서는 세계 요리사의 역사를 쓴 셰프나 전설적인 스타 셰프들을 소개했다. 그들도 훌륭하지만 청소년들에게 친근하고 친절하게 요리를 가르쳐줄 셰프는 누구일까? 누가 요리하는 것을 직접 보여주고 따라 할 수 있게 도와줄까?

여기에서는 이 두 가지 궁금증을 해소해줄 1인 방송 크리에이터로 활약 중인 셰프들을 소개하려고 한다. 친구처럼, 때로 멘토처럼 자신의 일을 즐겁게 하고 있는 셰프들을 만나보자.

● 망치(Maangchi)

"작은 체구에서 뿜어져 나오는 카리스마"

망치는 한국 음식 전도사다. 진한 아이라인과 앞머리에 꽂은 핀이 매력적인 여성이다. 재미교포 출신으로 주부 9단이라 말할 정도로 손끝이 야무지다. 망치는 한 번도 책을 보고 요리를 배운 적이 없다고 한다. 오직 재능과 끼로 요리를 한다는 사실이 놀랍다.

망치는 2007년부터 유튜브를 시작했다. 세계 여러 나라 사람들이 따라 하기 쉽게 한국 음식 조리법을 소개하는 것이 가장 큰 인기 요인이다. 영상을 보면 김치, 해물 김치 볶음, 누드 김밥, 해물전, 알밥 등의 한국 요리로 꽉 채워져 있다. 망치는 영어로 방송하고, 한국어 자막을 제공해준다.

현재(2020년 4월 기준) 구독자는 약 450만 명이다. 구독자가 상당한 만큼 망치의 활동을 지지하는 열성적인 팬도 많다. 댓글만 보아도 그녀의 인기를 충분히 실감할 수 있지만, 한국 마트 구경 가기와 파티 참여 영상을 보면 더 확실하게 알게 된다. '유튜버 10주년 기념 파티'에도 참석해 한국 음식을 여러 나라 사람들과 함께 즐기기도 했다.

망치는 한 방송사와의 인터뷰에서 "구독자와 팬들의 반응을 보며, 한국 음식을 소개하는 사람으로서 자부심을 느끼다. 앞으로도 좋은 조리법을 소개하는 것을 목표로 방송을 하겠다."고 밝혔다.

● 국가비(GabieKook)

"〈마스터 셰프 코리아〉 2위에서 인기 크리에이터로!"

국가비는 1인 방송 크리에이터로 활동하기 전부터 유명했다. 〈마스터 셰프 코리아〉 시즌 3에서 크게 활약해 이름을 알렸다. 그는 어릴 적부터 해외 여러 나라에서 살아서 영어, 스페인어, 프랑스어를 유창하게 말한다. 전공은 원래 미술이었는데 요리로 바꾸었다고 한다. 무엇보다 파리의 세계적 요리학교인 '르 코르동 블루'에서 공부한 점은 셰프를 꿈꾸는 많은 사람들에게 매력으로 다가온다.

현재(2020년 4월 기준) 구독자는 약 123만 명이다. 국가비는 요리부터 일상생활 브이로그와 패션, 화장, 여행 관련 영상까지 제작하고 있다. 국가비가 올리는 영상은 요리에 대해 배울 점도 있지만, 프랑스에서 활동 중인 셰프들의 모습도 볼 수 있어 더욱 새롭다. 맛 좋은 요리는 물론, 요리사 지망생들에게 주는 셰프들의 조언도 큰 도움이 된다.

국가비의 지인으로 알려진 두 명의 셰프는 언론에서 보

여주는 화려한 면에 속지 말라고 조언한다. 노동 강도가 세고, 노동 시간 또한 혀를 내두를 정도라고⋯. 아침 8시에 출근해서 밤 12시에 퇴근하는 삶, 제대로 예쁘게 꾸미지 못하는 점, 인종 차별에 대한 문제 등 솔직하고 현실적인 삶의 이야기도 나온다.

그의 동영상 중에 '매우쉬운요리'라는 영상을 추천한다. 프랑스 요리인 비프 브루기뇽 만들기, 스페인 오믈렛 또띠아 에스빠뇰라, 7분 감바스와 뚝딱 문어 타파스, 3단 딸기 폭탄 빅토리아 스펀지케이크 등도 흥미롭다.

● 쿠킹트리(Cooking tree)
　"제라제빵 최고 금손"

쿠킹트리 채널의 홈에 가면, '200만 명 기념! 쿠킹트리 케이크 모음' 영상이 있다. 이 영상을 보면 여러분도 모르게 입가에 미소가 가득해질 것이다. 200만 명 달성 기념으로 만든 영상이라 눈요기를 하기에 충분할 만큼 완성도가 높다.

케이크가 완성되는 모습과 칼로 케이크를 쓱싹 자르고, 포크로 찍어 먹는 장면을 보고 있으면 마음이 치유되는 느낌이 든다. 케이크는 하나 같이 예쁘고, 색상도 산뜻해서 군침이 돈다. 잔잔한 파스텔톤 색감에 흥미로운 배경음악은 마치 동화 속 장면을 보는 듯한 착각이 든다. 복숭아 무스 케이크, 딸기 생크림 케이크, 망고 치즈 케이크, 크림 폭포 누텔라 케이크 등 케이크의 종류도 무척 다양하다. 파티시에가 되길 원한다면 도움이 될 만한 채널이다.

쿠킹트리는 최고의 금손 능력자다. 올라온 영상 댓글마다 찬사가 넘쳐난다. 외국인 팬들도 많다. "엄청난 실력을 지녔으면 제발 빵집을 열어달라고."라는 팬들의 댓글만 봐도 그의 인기를 어느 정도 실감할 수 있다. 쿠킹트리의 현재(2020년 4월 기준) 구독자는 약 304만 명이다.

● 스윗더미(Sweet The MI)
"장인이라 부르고 싶은 파티시에"

스윗더미의 영상은 따뜻하고 푸근하다. 채널에 올라온 영상으로는 한옥 케이크 만들기, 사자탈 케이크 만들기, 떡 케이크 만들기, 쿠키 반죽 세트, 토마토 시금치 케이크 등이 있다. 그중에서 약 5일 동안 만든 '한옥 케이크 만들기' 영상을 추천한다. 스윗더미의 열정과 인내가 엿보이는 영상이다. 동화에서나 나올 법한 과자집의 실사판이다. 마지막 장면에서는 절로 탄식이 나온다. 칼로 사정없이 지붕을 드러내고, 포크로 벽을 뚫는 모습에 가슴이 아플 정도이다.

2018년에 베이커리 카페를 열었으나 크리에이터 활동에 전념하기 위해 접었다고 한다. 예전 같았으면 가게 운영에 집중하는 게 현실적이겠지만, 이제는 더 적극적으로 1인 방송에 투자하는 게 이득이라 생각한다. 시대의 흐름을 잘 읽고 판단한 것이라 할 수 있다.

스윗더미의 채널에는 베이킹 도구, 캐릭터 베이킹, 달콤 귀염 디저트, 일상 기록 브이로그, 카페 오픈기 등이 있어서 다양한 영상을 찾아볼 수 있다. 실용적인 영상이 많은데, 특히 짤주머니 만들기를 따라 해보자. 크림이나 초콜릿이 든 짤주머니는 글씨를 쓰거나 케이크 위에 모양을 낼 때 유용하다. 이렇게 빵이나 쿠키를 만들 때 편리하고 쉬운 팁을 다양하게 공유하는 덕에 댓글에는 고마움과 찬사의 글들이 넘쳐난다. 현재(2020년 4월 기준) 구독자는 약 120만 명이다.